AF177775

EinFach Deutsch

Adelbert von Chamisso

Peter Schlemihls wundersame Geschichte

Erarbeitet von
Stephan Rauer

Herausgegeben von
Johannes Diekhans

Die Textausgabe basiert im Wortlaut auf folgender Ausgabe:
Adelbert von Chamisso: Werke in zwei Bänden. Herausgegeben von Werner
Feudel und Christel Laufer. Leipzig: Insel Verlag 1981, S. 15–79

Dank an: Michael Bienert, Hans-Joachim Hahn, Hans G. Müller, Nikolai Rauer

westermann GRUPPE

Druck A^2 / Jahr 2020
Alle Drucke der Serie A sind im Unterricht parallel verwendbar.

Umschlaggestaltung: Jennifer Kirchhof
Druck und Bindung: Westermann Druck GmbH, Braunschweig

ISBN 978-3-14-**022609**-7

Adelbert von Chamisso: Peter Schlemihls wundersame Geschichte

Peter Schlemihls
wundersame Geschichte

An Julius Eduard Hitzig[1] von Adelbert von Chamisso

Du vergissest niemanden, Du wirst Dich noch eines gewissen Peter Schlemihls[2] erinnern, den Du in früheren Jahren ein paarmal bei mir gesehen hast, ein langbeiniger Bursch, den man unge-
5 schickt glaubte, weil er linkisch war, und der wegen seiner Trägheit für faul galt. Ich hatte ihn lieb, – Du kannst nicht vergessen haben, Eduard, wie er uns einmal in unserer grünen Zeit[3] durch die Sonette[4] lief, ich brachte ihn mit auf einen der poetischen Tees[5], wo er mir noch während des Schreibens einschlief, ohne das Lesen abzu-
10 warten. Nun erinnere ich mich auch eines Witzes, den Du auf ihn machtest. Du hattest ihn nämlich schon, Gott weiß wo und wann, in einer alten schwarzen Kurtka[6] gesehen, die er freilich damals noch immer trug, und sagtest: „der ganze Kerl wäre glücklich zu schätzen, wenn seine Seele nur halb so unsterblich wäre, als seine
15 Kurtka." – So wenig galt er bei Euch. – Ich hatte ihn lieb. – Von diesem Schlemihl nun, den ich seit langen Jahren aus dem Gesicht verloren hatte, rührt das Heft her, das ich Dir mitteilen will. – Dir nur, Eduard, meinem nächsten, innigsten Freunde, meinem bessren Ich, vor dem ich kein Geheimnis verwahren kann, teil ich es
20 mit, nur Dir und, es versteht sich von selbst, unserm Fouqué[7], gleich Dir in meiner Seele eingewurzelt – aber in ihm teil ich es

---

[1] Jurist und Verleger, Freund Chamissos (s. S. 81)
[2] Sprechender jüdischer Name. Bezeichnung für jemanden, dem nichts gelingt, der vom Pech verfolgt ist. Wortverwandt mit jiddisch „Schlamassel"
[3] Chamisso war zwischen 1803 und 1805 Mitherausgeber und Autor des sogenannten „grünen Muselalmanachs", einer Literaturzeitschrift, an der auch Hitzig mitwirkte (s. S. 82).
[4] Gedichtform
[5] gesellige Zusammenkunft von Literaten und Literaturinteressierten
[6] aus dem Russischen: Jacke, knielanger Rock, mit Pelz und Brustschnüren versehen
[7] Friedrich Heinrich Karl Baron de la Motte Fouqué, Schriftsteller, Freund Chamissos (s. S. 82)

bloß dem Freunde mit, nicht dem Dichter. – Ihr werdet einsehen,
wie unangenehm es mir sein würde, wenn etwa die Beichte, die ein
ehrlicher Mann im Vertrauen auf meine Freundschaft und Redlichkeit an meiner Brust ablegt, in einem Dichterwerke an den
5 Pranger geheftet würde, oder nur wenn überhaupt unheilig verfahren würde, wie mit einem Erzeugnis schlechten Witzes[1], mit einer
Sache, die das nicht ist und sein darf. Freilich muss ich selbst gestehen, dass es um die Geschichte Schad ist, die unter des guten Mannes Feder nur albern geworden, dass sie nicht von einer geschick-
10 teren fremden Hand in ihrer ganzen komischen Kraft dargestellt
werden kann. – Was würde nicht Jean Paul[2] daraus gemacht haben!
– Übrigens, lieber Freund, mögen hier manche genannt sein, die
noch leben; auch das will beachtet sein. –
Noch ein Wort über die Art, wie diese Blätter an mich gelangt sind.
15 Gestern früh bei meinem Erwachen gab man sie mir ab, – ein wun-
derlicher Mann, der einen langen grauen Bart trug, eine ganz abge-
nützte schwarze Kurtka anhatte, eine botanische Kapsel[3] darüber
umgehangen, und bei dem feuchten, regnichten[4] Wetter Pantoffeln
über seine Stiefel, hatte sich nach mir erkundigt und dieses für mich
20 hinterlassen; er hatte, aus Berlin zu kommen, vorgegeben. – – –
Kunersdorf[5], den *27.* Sept. 1813.

Adelbert von Chamisso.

P. S. Ich lege Dir eine Zeichnung bei, die der kunstreiche Leopold[6], der eben an seinem Fenster stand, von der auffallenden
25 Erscheinung entworfen hat. Als er den Wert, den ich auf diese
Skizze legte, gesehen hat, hat er sie mir gerne geschenkt.[7]

---

1 hier: Verstand, Geist, Erfindungsgabe
2 eigentlich: Jean Paul Friedrich Richter (1763–1825), mit seinen (auch)
 humoristischen Romanen damals ausgesprochen erfolgreicher Schriftsteller
3 Gefäß zum Pflanzensammeln
4 regnerischen
5 Auf dem Brandenburger Gut Kunersdorf schrieb Chamisso 1813 den
 „Peter Schlemihl" (s. S. 84 f.).
6 Franz Joseph Leopold (1783–1832), Künstler, der 1813 in Kunersdorf das
 Titelbild für die Erstausgabe des „Peter Schlemihl" (s. S. 7) anfertigte
7 Das hier erwähnte Bild befand sich in den ersten Ausgaben des „Schlemihl".

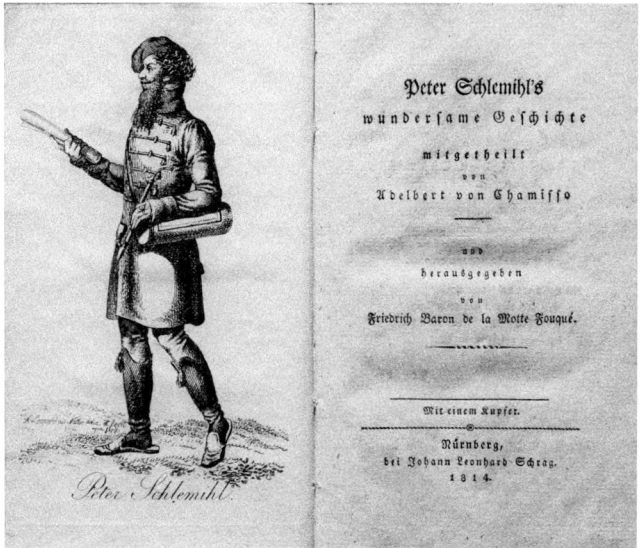

An Ebendenselben von Fouqué[1]

Bewahren, lieber Eduard, sollen wir die Geschichte des armen
Schlemihl, dergestalt bewahren, dass sie vor Augen, die nicht hi-
neinzusehen haben, beschirmt bleibe. Das ist eine schlimme Aufgabe. Es gibt solcher Augen eine ganze Menge, und welcher
5 Sterbliche kann die Schicksale eines Manuskriptes bestimmen,
eines Dinges, das beinah noch schlimmer zu hüten ist, als ein
gesprochenes Wort. Da mach ichs denn wie ein Schwindelnder,
der in der Angst lieber gleich in den Abgrund springt: Ich lasse
die ganze Geschichte drucken.
10 Und doch, Eduard, es gibt ernstere und bessere Gründe für mein
Benehmen. Es trügt mich alles, oder in unserm lieben Deutsch-
lande schlagen der Herzen viel, die den armen Schlemihl zu ver-

---

[1] Friedrich Heinrich Karl Baron de la Motte Fouqué, Schriftsteller, Freund
   Chamissos (s. S. 82)

stehen fähig sind und auch wert, und über manch eines echten
Landsmannes Gesicht wird bei dem herben Scherz, den das Leben mit ihm, und bei dem arglosen, den er mit sich selbst treibt,
ein gerührtes Lächeln ziehn. Und Du, mein Eduard, wenn Du das
5 grundehrliche Buch ansiehst, und dabei denkst, dass viele unbekannte Herzensverwandte es mit uns lieben lernen, fühlst auch
vielleicht einen Balsamtropfen in die heiße Wunde fallen, die Dir
und allen, die Dich lieben, der Tod geschlagen hat.

Und endlich: Es gibt – ich habe mich durch mannichfache Erfah-
10 rung davon überzeugt – es gibt für die gedruckten Bücher einen
Genius, der sie in die rechten Hände bringt, und, wenn nicht immer, doch sehr oft die unrechten davon abhält. Auf allen Fall hat
er ein unsichtbares Vorhängschloss vorjedwedem echten Geistes-
und Gemütswerke, und weiß mit einer ganz untrüglichen Ge-
15 schicklichkeit auf- und zuzuschließen.

Diesem Genius[1], mein sehr lieber Schlemihl, vertraue ich Dein
Lächeln und Deine Tränen an, und somit Gott befohlen!
Nennhausen, Ende Mai 1814.

Fouqué.

An Fouqué von Hitzig

20 Da haben wir denn nun die Folgen Deines verzweifelten Ent-
schlusses, die Schlemihlshistorie, die wir als ein bloß *uns* anver-
trautes Geheimnis bewahren sollten, drucken zu lassen, dass sie
nicht allein Franzosen und Engländer, Holländer und Spanier
übersetzt, Amerikaner aber den Engländern nachgedruckt, wie
25 ich dies alles in meinem gelehrten Berlin[2] des Breiteren gemel-
det; sondern, dass auch für unser liebes Deutschland eine neue
Ausgabe, mit den Zeichnungen der englischen, die der berühmte
Cruikshank[3] nach dem Leben entworfen, veranstaltet wird, wo-
durch die Sache unstreitig noch viel mehr herum kommt. Hielte

---

[1] Schutzgeist
[2] Gemeint ist das von Eduard Hitzig herausgegebene Schriftstellerver-
zeichnis „Gelehrtes Berlin“.
[3] George Cruikshank (1792–1878), englischer Künstler (s.a. S. 89)

ich Dich nicht für Dein eigenmächtiges Verfahren (denn mir hast
Du 1814 ja kein Wort von der Herausgabe des Manuskripts gesagt) hinlänglich dadurch bestraft, dass unser Chamisso bei seiner Weltumsegelei[1], in den Jahren 1815 bis 1818, sich gewiss in
5 Chili und Kamtschatka, und wohl gar bei seinem Freunde, dem
seligen Tameiameia auf O-Wahu[2] darüber beklagt haben wird, so
forderte ich noch jetzt öffentlich Rechenschaft darüber von Dir.
Indes – auch hievon abgesehen – geschehn ist geschehn, und
recht hast Du auch darin gehabt, dass viele, viele Befreundete in
10 den dreizehn verhängnisvollen Jahren, seit es das Licht der Welt
erblickte, das Büchlein mit uns lieb gewonnen. Nie werde ich
die Stunde vergessen, in welcher ich es Hoffmann[3] zuerst vor-
las. Außer sich vor Vergnügen und Spannung, hing er an meinen Lippen, bis ich vollendet hatte; nicht erwarten konnte er,
15 die persönliche Bekanntschaft des Dichters zu machen, und,
sonst jeder Nachahmung so abhold, widerstand er doch der Versuchung nicht, die Idee des verlornen Schattens in seiner Erzählung: ‚Die Abenteuer der Sylvesternacht‘[4], durch das verlorne
Spiegelbild des Erasmus Spikher, ziemlich unglücklich zu vari-
20 ieren. Ja – unter die Kinder hat sich unsre wundersame Histo-
rie[5] ihre Bahn zu brechen gewusst; denn als ich einst, an einem
hellen Winterabend, mit ihrem Erzähler die Burgstraße[6] hin-
aufging, und er einen über ihn lachenden, auf der Glitschbahn
beschäftigten Jungen unter seinen Dir wohlbekannten Bären-
25 mantel nahm und fortschleppte, hielt dieser ganz stille; da er
aber wieder auf den Boden niedergesetzt war, und in gehöriger
Ferne von den, als ob nichts geschehen wäre, weiter Gegange-

---

[1] Chamisso nahm von 1815–1818 als Naturforscher an einer Forschungs-
   expedition um die Welt teil (s.a. S. 77 ff.).
[2] König von Hawai, den Chamisso auf seiner Weltreise kennenlernte
[3] E.T.A. Hoffmann (1776–1822), romantischer Schriftsteller und Bekannter
   Chamissos (s. S. 83)
[4] Erzählung E.T.A. Hoffmanns (1815), in der unter Bezug auf Chamissos
   „Peter Schlemihl" die Hauptfigur Erasmus Spikher sein Spiegelbild verliert (s.a. S. 114–119)
[5] Erzählung
[6] Straße im Zentrum Berlins

nen, rief er mit lauter Stimme seinem Räuber nach: Warte nur, Peter Schlemihl!

So, denke ich, wird der ehrliche Kauz auch in seinem neuen, zierlichen Gewande viele erfreuen, die ihn in der einfachen Kurtka
5 von 1814 nicht gesehen; diesen und jenen aber es außerdem noch überraschend sein, in dem botanisierenden, weltumschiffenden, ehemals wohlbestallten[1] Königlich Preußischen Offizier, auch Historiographen[2] des berühmten Peter Schlemihl, nebenher einen Lyriker kennenzulernen[3], der, er möge malayische oder litau-
10 ische Weisen[4] anstimmen, überall dartut, dass er das poetische Herz auf der rechten Stelle hat.

Darum, lieber Fouqué, sei Dir am Ende denn doch noch herzlich gedankt für die Veranstaltung der ersten Ausgabe, und empfange mit unsern Freunden meinen Glückwunsch zu dieser zweiten.
15 Berlin, im Januar 1827.

Eduard Hitzig.

An meinen alten Freund Peter Schlemihl

Da fällt nun deine Schrift nach vielen Jahren
Mir wieder in die Hand, und – wundersam! –
20 Der Zeit gedenk ich, wo wir Freunde waren,
Als erst die Welt uns in die Schule nahm.
Ich bin ein alter Mann in grauen Haaren,
Ich überwinde schon die falsche Scham,
Ich will mich deinen Freund wie ehmals nennen
25 Und mich als solchen vor der Welt bekennen.

Mein armer, armer Freund, es hat der Schlaue
Mir nicht, wie dir, so übel mitgespielt;
Gestrebet hab ich und gehofft ins Blaue,

---

[1] eine gute berufliche Position habend
[2] Geschichtsschreiber
[3] Die zweite Ausgabe des „Schlemihl" hatte einen Anhang mit Liedern und Balladen des Dichters.
[4] Chamisso verfasste später Gedichte nach Vorlagen aus ganz verschiedenen Ländern.

Und gar am Ende wenig nur erzielt;
Doch schwerlich wird berühmen sich der Graue,
Dass er mich jemals fest am Schatten hielt;
Den Schatten hab ich, der mir angeboren,
5 Ich habe meinen Schatten nie verloren.

Mich traf, obgleich unschuldig wie das Kind,
Der Hohn, den sie für deine Blöße hatten. –
Ob wir einander denn so ähnlich sind?! –
Sie schrien mir nach: Schlemihl, wo ist dein Schatten?
10 Und zeigt ich den, so stellten sie sich blind
Und konnten gar zu lachen nicht ermatten.
Was hilft es denn! man trägt es in Geduld,
Und ist noch froh, fühlt man sich ohne Schuld.

Und was ist denn der Schatten? möcht ich fragen,
15 Wie man so oft mich selber schon gefragt,
So überschwänglich hoch es anzuschlagen,
Wie sich die arge Welt es nicht versagt?
Das gibt sich schon nach neunzehn Tausend Tagen,
Die, Weisheit bringend, über uns getagt;
20 Die wir dem Schatten *Wesen* sonst verliehen,
Sehn Wesen jetzt als *Schatten* sich verziehen.

Wir geben uns die Hand darauf, Schlemihl,
Wir schreiten zu, und lassen es beim Alten;
Wir kümmern uns um alle Welt nicht viel,
25 Es desto fester mit uns selbst zu halten;
Wir gleiten so schon näher unserm Ziel,
Ob jene lachten, ob die andern schalten,
Nach allen Stürmen wollen wir im Hafen
Doch ungestört gesunden Schlafes schlafen.

30 Berlin, August 1834.

Adelbert von Chamisso.

Peter Schlemihls wundersame Geschichte

I

Nach einer glücklichen, jedoch für mich sehr beschwerlichen
Seefahrt, erreichten wir endlich den Hafen. Sobald ich mit dem
Boote ans Land kam, belud ich mich selbst mit meiner kleinen
Habseligkeit[1], und durch das wimmelnde Volk mich drängend,
5 ging ich in das nächste, geringste Haus hinein, vor welchem ich
ein Schild hängen sah. Ich begehrte ein Zimmer, der Hausknecht
maß mich mit einem Blick und führte mich unters Dach. Ich ließ
mir frisches Wasser geben, und genau beschreiben, wo ich den
Herrn Thomas John aufzusuchen habe: – „Vor dem Nordertor,
10 das erste Landhaus zur rechten Hand, ein großes, neues Haus,
von rot und weißem Marmor mit vielen Säulen." Gut. – Es war
noch früh an der Zeit, ich schnürte sogleich mein Bündel auf,
nahm meinen neu gewandten schwarzen Rock[2] heraus, zog mich
reinlich an in meine besten Kleider, steckte das Empfehlungs-
15 schreiben zu mir, und setzte mich alsbald auf den Weg zu dem
Manne, der mir bei meinen bescheidenen Hoffnungen förderlich
sein sollte.
Nachdem ich die lange Norderstraße hinaufgestiegen, und das
Tor erreicht, sah ich bald die Säulen durch das Grüne schimmern
20 – „also hier", dacht ich. Ich wischte den Staub von meinen Füßen
mit meinem Schnupftuch ab, setzte mein Halstuch in Ordnung,
und zog in Gottes Namen die Klingel. Die Tür sprang auf. Auf
dem Flur hatt ich ein Verhör zu bestehn, der Portier ließ mich
aber anmelden, und ich hatte die Ehre, in den Park gerufen zu
25 werden, wo Herr John – mit einer kleinen Gesellschaft sich erging. Ich erkannte gleich den Mann am Glanze seiner wohlbeleibten Selbstzufriedenheit. Er empfing mich sehr gut, – wie ein
Reicher einen armen Teufel, wandte sich sogar gegen mich, ohne
sich jedoch von der übrigen Gesellschaft abzuwenden, und nahm
30 mir den dargehaltenen Brief aus der Hand. – „So, so! von meinem

---

[1] Besitz
[2] lange Jacke, die abgetragene Seite ist nach innen gewendet worden

Bruder, ich habe lange nichts von ihm gehört. Er ist doch gesund?
– Dort", fuhr er gegen die Gesellschaft fort, ohne die Antwort zu
erwarten, und wies mit dem Brief auf einen Hügel, „dort lass ich
das neue Gebäude aufführen[1]." Er brach das Siegel auf und das
Gespräch nicht ab, das sich auf den Reichtum lenkte. „Wer nicht
Herr ist wenigstens einer Million", warf er hinein, „der ist, man
verzeihe mir das Wort, ein Schuft!" – „O wie wahr!" rief ich aus
mit vollem überströmenden Gefühl. Das musste ihm gefallen, er
lächelte mich an und sagte: „Bleiben Sie hier, lieber Freund, nachher hab ich vielleicht Zeit, Ihnen zu sagen, was ich hiezu denke",
er deutete auf den Brief, den er sodann einsteckte, und wandte
sich wieder zu der Gesellschaft. – Er bot einer jungen Dame den
Arm, andere Herren bemühten sich um andere Schönen, es fand
sich, was sich passte, und man wallte[2] dem rosenumblühten Hügel zu.
Ich schlich hinterher, ohne jemandem beschwerlich zu fallen,
denn keine Seele bekümmerte sich weiter um mich. Die Gesellschaft war sehr aufgeräumt[3], es ward getändelt[4] und gescherzt,
man sprach zuweilen von leichtsinnigen Dingen wichtig, von
wichtigen öfters leichtsinnig, und gemächlich erging besonders
der Witz über abwesende Freunde und deren Verhältnisse. Ich
war da zu fremd, um von alle dem vieles zu verstehen, zu beküm-
mert und in mich gekehrt, um den Sinn auf solche Rätsel zu haben.
Wir hatten den Rosenhain[5] erreicht. Die schöne Fanny, wie es
schien, die Herrin des Tages, wollte aus Eigensinn einen blühen-
den Zweig selbst brechen, sie verletzte sich an einem Dorn, und
wie von den dunkeln Rosen, floss Purpur auf ihre zarte Hand.
Dieses Ereignis brachte die ganze Gesellschaft in Bewegung. Es
wurde Englisch Pflaster[6] gesucht. Ein stiller, dünner, hagrer, läng-
lichter, älterer Mann, der neben mitging, und den ich noch

---

[1] errichten
[2] wandelte, schritt
[3] gut gelaunt, in gelöster, heiterer Stimmung
[4] tändeln: flirten, sich spielerisch die Zeit vertreiben
[5] Rosengarten
[6] Heftpflaster, mit Heilmitteln bestrichen

nicht bemerkt hatte, steckte sogleich die Hand in die knapp anlie-
gende Schoßtasche[1] seines altfränkischen[2], grautaffentnen[3] Ro-
ckes, brachte eine kleine Brieftasche daraus hervor, öffnete sie,
und reichte der Dame mit devoter[4] Verbeugung das Verlangte. Sie
5 empfing es ohne Aufmerksamkeit für den Geber und ohne Dank,
die Wunde ward verbunden, und man ging weiter den Hügel hi-
nan, von dessen Rücken man die weite Aussicht über das grüne
Labyrinth des Parkes nach dem unermesslichen Ozean genießen
wollte.

10 Der Anblick war wirklich groß und herrlich. Ein lichter Punkt erschien am Horizont zwischen der dunklen Flut und der Bläue des
Himmels. „Ein Fernrohr her!" rief John, und noch bevor das auf
den Ruf erscheinende Dienervolk in Bewegung kam, hatte der
graue Mann, bescheiden sich verneigend, die Hand schon in die
15 Rocktasche gesteckt, daraus einen schönen Dollond[5] hervorgezo-
gen, und es dem Herrn John eingehändigt. Dieser, es sogleich an
das Aug bringend, benachrichtigte die Gesellschaft, es sei das
Schiff, das gestern ausgelaufen, und das widrige Winde im Angesicht des Hafens zurücke hielten. Das Fernrohr ging von Hand zu
20 Hand, und nicht wieder in die des Eigentümers; ich aber sah verwundert den Mann an, und wusste nicht, wie die große Maschine
aus der winzigen Tasche herausgekommen war; es schien aber
niemandem aufgefallen zu sein, und man bekümmerte sich nicht
mehr um den grauen Mann, als um mich selber.

25 Erfrischungen wurden gereicht, das seltenste Obst aller Zonen in
den kostbarsten Gefäßen. Herr John machte die Honneurs[6] mit
leichtem Anstand und richtete da zum zweiten Mal ein Wort an
mich: „Essen Sie nur; das haben Sie auf der See nicht gehabt." Ich
verbeugte mich, aber er sah es nicht, er sprach schon mit jemand
30 anderem.

---

1 seitliche Tasche
2 unmodernen
3 aus grauem Taft (steifer Stoff aus Seide oder Kunstseide)
4 ehrerbietiger
5 Fernrohr, benannt nach seinem Erfinder
6 (gehoben) begrüßte, bewirtete und unterhielt die Gäste

Man hätte sich gern auf den Rasen, am Abhange des Hügels, der ausgespannten[1] Landschaft gegenüber gelagert, hätte man die Feuchtigkeit der Erde nicht gescheut. Es wäre göttlich, meinte wer aus der Gesellschaft, wenn man türkische Teppiche hätte, sie
5 hier auszubreiten. Der Wunsch war nicht so bald ausgesprochen, als schon der Mann im grauen Rock die Hand in der Tasche hatte, und mit bescheidener, ja demütiger Gebärde einen reichen, gold-durchwirkten türkischen Teppich daraus zu ziehen bemüht war. Bediente[2] nahmen ihn in Empfang, als müsse es so sein, und
10 entfalteten ihn am begehrten Orte. Die Gesellschaft nahm ohne Umstände Platz darauf; ich wiederum sah betroffen den Mann, die Tasche, den Teppich an, der über zwanzig Schritte[3] in der Länge und zehn in der Breite maß, und rieb mir die Augen, nicht wissend, was ich dazu denken sollte, besonders da niemand etwas
15 Merkwürdiges darin fand.
Ich hätte gern Aufschluss über den Mann gehabt, und gefragt, wer er sei, nur wusst ich nicht, an wen ich mich richten sollte, denn ich fürchtete mich fast noch mehr vor den Herren Bedienten, als vor den bedienten Herren. Ich fasste endlich ein Herz, und trat an ei-
20 nen jungen Mann heran, der mir von minderem Ansehen schien als die andern, und der öfter allein gestanden hatte. Ich bat ihn leise, mir zu sagen, wer der gefällige[4] Mann sei dort im grauen Kleide. – „Dieser, der wie ein Ende Zwirn aussieht? der einem Schneider aus der Nadel entlaufen ist?" Ja, der allein steht – „den
25 kenn ich nicht", gab er mir zur Antwort, und, wie es schien, eine längere Unterhaltung mit mir zu vermeiden, wandt er sich weg und sprach von gleichgültigen Dingen mit einem andern.
Die Sonne fing jetzt stärker zu scheinen an, und ward den Damen beschwerlich; die schöne Fanny richtete nachlässig an den grauen
30 Mann, den, so viel ich weiß, noch niemand angeredet hatte, die leichtsinnige Frage: ob er nicht auch vielleicht ein Zelt bei sich habe? Er beantwortete sie durch eine so tiefe Verbeugung, als wi-

---

[1] ausgedehnten
[2] Diener
[3] Längenmaß, ein Schritt entspricht 70–75 cm
[4] freundliche, zuvorkommende

derfahre ihm eine unverdiente Ehre, und hatte schon die Hand in der Tasche, aus der ich Zeuge[1], Stangen, Schnüre, Eisenwerk, kurz, alles, was zu dem prachtvollsten Lustzelt gehört, herauskommen sah. Die jungen Herren halfen es ausspannen, und es überhing die ganze Ausdehnung des Teppichs – und keiner fand noch etwas Außerordentliches darin. –

Mir war schon lang unheimlich, ja graulich zumute[2], wie ward mir vollends, als beim nächst ausgesprochenen Wunsch ich ihn noch aus seiner Tasche drei Reitpferde, ich sage Dir, drei schöne, große Rappen mit Sattel und Zeug herausziehen sah! – denke Dir, um Gotteswillen! drei gesattelte Pferde noch aus derselben Tasche, woraus schon eine Brieftasche, ein Fernrohr, ein gewirkter[3] Teppich, zwanzig Schritte lang und zehn breit, ein Lustzelt von derselben Größe, und alle dazu gehörigen Stangen und Eisen, herausgekommen waren! – Wenn ich Dir nicht beteuerte, es selbst mit eigenen Augen angesehen zu haben, würdest Du es gewiss nicht glauben. –

So verlegen und demütig der Mann selbst zu sein schien, so wenig Aufmerksamkeit ihm auch die andern schenkten, so ward mir doch seine blasse Erscheinung, von der ich kein Auge abwenden konnte, so schauerlich, dass ich sie nicht länger ertragen konnte.

Ich beschloss, mich aus der Gesellschaft zu stehlen, was bei der unbedeutenden Rolle, die ich darinnen spielte, mir ein Leichtes schien. Ich wollte nach der Stadt zurückkehren, am andern Morgen mein Glück beim Herrn John wieder versuchen, und, wenn ich den Mut dazu fände, ihn über den seltsamen grauen Mann befragen. – Wäre es mir nur so zu entkommen geglückt!

Ich hatte mich schon wirklich durch den Rosenhain, den Hügel hinab, glücklich geschlichen, und befand mich auf einem freien Rasenplatz, als ich aus Furcht, außer den Wegen durchs Gras gehend angetroffen zu werden, einen forschenden Blick um mich warf. – Wie erschrak ich, als ich den Mann im grauen Rock hinter

---

[1] hier: Zeltbahnen aus Stoff
[2] (leichtes) Grauen empfinden
[3] gewebter

mir her und auf mich zukommen sah. Er nahm sogleich den Hut
vor mir ab, und verneigte sich so tief, als noch niemand vor mir
getan hatte. Es war kein Zweifel, er wollte mich anreden, und ich
konnte, ohne grob zu sein, es nicht vermeiden. Ich nahm den Hut
5 auch ab, verneigte mich wieder, und stand da in der Sonne mit
bloßem Haupt wie angewurzelt. Ich sah ihn voller Furcht stier an,
und war wie ein Vogel, den eine Schlange gebannt hat. Er selber
schien sehr verlegen zu sein; er hob den Blick nicht auf, verbeugte sich zu verschiedenen Malen, trat näher, und redete mich an
10 mit leiser, unsicherer Stimme, ungefähr im Tone eines Betteln-
den.

„Möge der Herr meine Zudringlichkeit entschuldigen, wenn ich
es wage, ihn so unbekannter Weise aufzusuchen, ich habe eine
Bitte an ihn. Vergönnen Sie gnädigst –" – „Aber um Gotteswillen,
15 mein Herr!" brach ich in meiner Angst aus, „was kann ich für einen Mann tun, der –" wir stutzten beide, und wurden, wie mir
däucht[1], rot.

Er nahm nach einem Augenblick des Schweigens wieder das
Wort: „Während der kurzen Zeit, wo ich das Glück genoss, mich
20 in Ihrer Nähe zu befinden, hab ich, mein Herr, einige Mal – erlauben Sie, dass ich es Ihnen sage – wirklich mit unaussprechlicher
Bewunderung den schönen, schönen Schatten betrachten können, den Sie in der Sonne, und gleichsam mit einer gewissen edlen Verachtung, ohne selbst darauf zu merken, von sich werfen,
25 den herrlichen Schatten da zu Ihren Füßen. Verzeihen Sie mir die
freilich kühne Zumutung. Sollten Sie sich wohl nicht abgeneigt
finden, mir diesen Ihren Schatten zu überlassen."

Er schwieg, und mir gings wie ein Mühlrad im Kopfe herum. Was
sollt ich aus dem seltsamen Antrag machen, mir meinen Schat-
30 ten abzukaufen? Er muss verrückt sein, dacht ich, und mit verän-
dertem Tone, der zu der Demut des seinigen besser passte, erwiderte ich also:

„Ei, ei! guter Freund, habt Ihr denn nicht an Eurem eignen Schatten genug? Das heiß ich mir einen Handel von einer ganz abson-
35 derlichen Sorte." Er fiel sogleich wieder ein: „Ich hab in meiner

---

[1] wie mir vorkam

Tasche manches, was dem Herrn nicht ganz unwert scheinen möchte; für diesen unschätzbaren Schatten halt ich den höchsten Preis zu gering."

Nun überfiel es mich wieder kalt, da ich an die Tasche erinnert
5 ward, und ich wusste nicht, wie ich ihn hatte guter Freund nennen können. Ich nahm wieder das Wort, und suchte es, wo möglich, mit unendlicher Höflichkeit wiedergutzumachen.

„Aber, mein Herr, verzeihen Sie Ihrem untertänigsten Knecht. Ich verstehe wohl Ihre Meinung nicht ganz gut, wie könnt ich nur
10 meinen Schatten – –" Er unterbrach mich: „Ich erbitte mir nur Dero[1] Erlaubnis, hier auf der Stelle diesen edlen Schatten aufheben zu dürfen und zu mir zu stecken; wie ich das mache, sei meine Sorge. Dagegen als Beweis meiner Erkenntlichkeit gegen den Herrn, überlasse ich ihm die Wahl unter allen Kleinodien[2],
15 die ich in der Tasche bei mir führe: die echte Springwurzel[3], die Alraunwurzel[4], Wechselpfennige[5], Raubtaler[6], das Tellertuch[7] von Rolands Knappen, ein Galgenmännlein[8] zu beliebigem Preis; doch, das wird wohl nichts für Sie sein: besser, Fortunati Wünschhütlein[9], neu und haltbar wieder restauriert; auch ein Glücks-
20 säckel[10], wie der seine gewesen." – „Fortunati Glückssäckel", fiel ich ihm in die Rede, und wie groß meine Angst auch war, hatte er mit dem einen Wort meinen ganzen Sinn gefangen. Ich bekam einen Schwindel, und es flimmerte mir wie doppelte Dukaten[11] vor den Augen. –
25 „Belieben gnädigst der Herr diesen Säckel zu besichtigen und zu erproben." Er steckte die Hand in die Tasche und zog einen mä-

---

[1] sehr höflich für „Ihre"
[2] Kostbarkeiten
[3] öffnet alle Türen und Schlösser
[4] hilft dabei, Schätze zu finden
[5] Münzen, die neues Geld hervorbringen, wenn man sie umdreht
[6] Taler, der alles Geld, das er berührt, zu seinem Herrn bringt
[7] Tischtuch, das sich mit allen gewünschten Gerichten deckt
[8] Teufel in einer Flasche, der tut, was man verlangt
[9] bringt seinen Besitzer an jeden Ort
[10] mit Goldstücken gefüllt, wird niemals leer
[11] Goldmünzen

ßig großen, festgenähten Beutel, von starkem Korduanleder[1], an
zwei tüchtigen ledernen Schnüren heraus und händigte mir sel-
bigen ein. Ich griff hinein, und zog zehn Goldstücke daraus, und
wieder zehn, und wieder zehn, und wieder zehn; ich hielt ihm
5 schnell die Hand hin: „Topp[2]! der Handel gilt, für den Beutel haben Sie meinen Schatten." Er schlug ein, kniete dann ungesäumt[3]
vor mir nieder, und mit einer bewundernswürdigen Geschicklichkeit sah ich ihn meinen Schatten, vom Kopf bis zu meinen
Füßen, leise von dem Grase lösen, aufheben, zusammenrollen
10 und falten, und zuletzt einstecken. Er stand auf, verbeugte sich
noch einmal vor mir, und zog sich dann nach dem Rosengebü-
sche zurück. Mich dünkt'[4], ich hörte ihn da leise für sich lachen.
Ich aber hielt den Beutel bei den Schnüren fest, rund um mich
her war die Erde sonnenhell, und in mir war noch keine Besin-
15 nung.

II

Ich kam endlich wieder zu Sinnen, und eilte, diesen Ort zu verlassen, wo ich hoffentlich nichts mehr zu tun hatte. Ich füllte erst
meine Taschen mit Gold, dann band ich mir die Schnüre des Beu-
tels um den Hals fest, und verbarg ihn selbst auf meiner Brust.
20 Ich kam unbeachtet aus dem Park, erreichte die Landstraße, und
nahm meinen Weg nach der Stadt. Wie ich in Gedanken dem
Tore zu ging, hört ich hinter mir schreien: „Junger Herr! he! junger Herr! hören Sie doch!" – Ich sah mich um, ein altes Weib rief
mir nach: „Sehe sich der Herr doch vor, Sie haben Ihren Schatten
25 verloren." – „Danke, Mütterchen!" ich warf ihr ein Goldstück für
den wohlgemeinten Rat hin, und trat unter die Bäume.
Am Tore musst ich gleich wieder von der Schildwacht[5] hören: „Wo
hat der Herr seinen Schatten gelassen?" und gleich wieder darauf

---

[1] feines spanisches Ziegen- oder Schafleder
[2] einverstanden
[3] sofort
[4] Mir schien
[5] Wachposten

von ein paar Frauen: „Jesus Maria! der arme Mensch hat keinen Schatten!" Das fing an mich zu verdrießen, und ich vermied sehr sorgfältig, in die Sonne zu treten. Das ging aber nicht überall an[1], zum Beispiel nicht über die Breitestraße, die ich zunächst durch-
5 kreuzen musste, und zwar, zu meinem Unheil, in eben der Stunde, wo die Knaben aus der Schule gingen. Ein verdammter buckeliger Schlingel, ich seh ihn noch, hatte es gleich weg, dass mir ein Schatten fehle. Er verriet mich mit großem Geschrei der sämtlichen literarischen Straßenjugend[2] der Vorstadt, welche sofort
10 mich zu rezensieren[3] und mit Kot[4] zu bewerfen anfing: „Ordentliche Leute pflegten ihren Schatten mit sich zu nehmen, wenn sie in die Sonne gingen." Um sie von mir abzuwehren, warf ich Gold zu vollen Händen unter sie, und sprang in einen Mietswagen, zu dem mir mitleidige Seelen verhalfen.
15 Sobald ich mich in der rollenden Kutsche allein fand, fing ich bitterlich an zu weinen. Es musste schon die Ahnung in mir aufsteigen: dass, um so viel das Gold auf Erden Verdienst und Tugend überwiegt, um so viel der Schatten höher als selbst das Gold geschätzt werde; und wie ich früher den Reichtum meinem Ge-
20 wissen aufgeopfert, hatte ich jetzt den Schatten für bloßes Gold hingegeben; was konnte, was sollte auf Erden aus mir werden!
Ich war noch sehr verstört, als der Wagen vor meinem alten Wirtshause hielt; ich erschrak über die Vorstellung, nur noch jenes schlechte Dachzimmer zu betreten. Ich ließ mir meine Sachen
25 herabholen, empfing den ärmlichen Bündel mit Verachtung, warf einige Goldstücke hin, und befahl, vor das vornehmste Hotel vorzufahren. Das Haus war gegen Norden gelegen, ich hatte die Sonne nicht zu fürchten. Ich schickte den Kutscher mit Gold weg, ließ mir die besten Zimmer vorn heraus anweisen, und verschloss
30 mich darin, sobald ich konnte.
Was denkest Du, das ich nun anfing? – O mein lieber Chamisso, selbst vor Dir es zu gestehen, macht mich erröten. Ich zog den

---

[1] Das war nicht überall möglich.
[2] ironischer Vergleich der Straßenjugendlichen mit Literaten
[3] kritisieren (auch: Bücher)
[4] Straßendreck

unglücklichen Säckel aus meiner Brust hervor, und mit einer Art
Wut, die, wie eine flackernde Feuersbrunst, sich in mir durch sich
selbst mehrte, zog ich Gold daraus, und Gold, und Gold, und immer mehr Gold, und streute es auf den Estrich[1], und schritt darü-
5 ber hin, und ließ es klirren, und warf, mein armes Herz an dem
Glanze, an dem Klange weidend[2], immer des Metalles mehr zu
dem Metalle, bis ich ermüdet selbst auf das reiche Lager sank und
schwelgend darin wühlte, mich darüber wälzte. So verging der
Tag, der Abend, ich schloss meine Tür nicht auf, die Nacht fand
10 mich liegend auf dem Golde, und darauf übermannte mich der
Schlaf.

Da träumt' es mir von Dir, es ward mir, als stünde ich hinter der
Glastüre Deines kleinen Zimmers, und sähe Dich von da an Deinem Arbeitstische zwischen einem Skelett und einem Bunde ge-
15 trockneter Pflanzen sitzen, vor Dir waren Haller[3], Humboldt[4] und
Linné[5] aufgeschlagen, auf Deinem Sofa lagen ein Band Goethe
und der ,Zauberring'[6], ich betrachtete Dich lange und jedes Ding
in Deiner Stube, und dann Dich wieder, Du rührtest Dich aber
nicht, Du holtest auch nicht Atem, Du warst tot.

20 Ich erwachte. Es schien noch sehr früh zu sein. Meine Uhr stand.
Ich war wie zerschlagen, durstig und hungrig auch noch; ich hatte seit dem vorigen Morgen nichts gegessen. Ich stieß von mir
mit Unwillen und Überdruss dieses Gold, an dem ich kurz vorher
mein törichtes Herz gesättiget; nun wusst ich verdrießlich nicht,
25 was ich damit anfangen sollte. Es durfte nicht so liegen bleiben –
ich versuchte, ob es der Beutel wieder verschlingen wollte – Nein.
Keines meiner Fenster öffnete sich über die See. Ich musste mich
bequemen, es mühsam und mit sauerm Schweiß zu einem großen Schrank, der in einem Kabinet[7] stand, zu schleppen, und es
30 darin zu verpacken. Ich ließ nur einige Handvoll da liegen. Nach-

---

[1] Fußboden
[2] sich weiden an etwas: etwas genießen
[3] Albrecht von Haller (1708–1777), Schweizer Naturforscher
[4] Alexander von Humboldt (1769–1859), Naturforscher und Weltreisender
[5] Carl von Linné (1707–1778), schwedischer Naturforscher
[6] Ritterroman von Fouqué (1813)
[7] hier: kleines Nebenzimmer

dem ich mit der Arbeit fertig geworden, legt ich mich erschöpft in einen Lehnstuhl, und erwartete, dass sich Leute im Hause zu regen anfingen. Ich ließ, sobald es möglich war, zu essen bringen und den Wirt zu mir kommen.

5 Ich besprach mit diesem Manne die künftige Einrichtung meines Hauses. Er empfahl mir für den näheren Dienst um meine Person einen gewissen Bendel, dessen treue und verständige Physiognomie[1] mich gleich gewann. Derselbe wars, dessen Anhänglichkeit mich seither tröstend durch das Elend des Lebens begleitete 10 und mir mein düstres Los ertragen half. Ich brachte den ganzen Tag auf meinen Zimmern mit herrenlosen[2] Knechten, Schustern, Schneidern und Kaufleuten zu, ich richtete mich ein, und kaufte besonders sehr viele Kostbarkeiten und Edelsteine, um nur etwas des vielen aufgespeicherten Goldes loszuwerden; es schien mir 15 aber gar nicht, als könne der Haufen sich vermindern.

Ich schwebte indes über meinen Zustand in den ängstigendsten Zweifeln. Ich wagte keinen Schritt aus meiner Tür und ließ abends vierzig Wachskerzen in meinem Saal anzünden, bevor ich aus dem Dunkel herauskam. Ich gedachte mit Grauen des fürch- 20 terlichen Auftrittes mit den Schulknaben. Ich beschloss, so viel Mut ich auch dazu bedurfte, die öffentliche Meinung noch einmal zu prüfen. – Die Nächte waren zu der Zeit mondhell. Abends spät warf ich einen weiten Mantel um, drückte mir den Hut tief in die Augen, und schlich, zitternd wie ein Verbrecher, aus dem Hause. 25 Erst auf einem entlegenen Platz trat ich aus dem Schatten der Häuser, in deren Schutz ich so weit gekommen war, an das Mondeslicht hervor; gefasst, mein Schicksal aus dem Munde der Vorübergehenden zu vernehmen.

Erspare mir, lieber Freund, die schmerzliche Wiederholung alles 30 dessen, was ich erdulden musste. Die Frauen bezeugten oft das tiefste Mitleid, das ich ihnen einflößte; Äußerungen, die mir die Seele nicht minder durchbohrten, als der Hohn der Jugend und die hochmütige Verachtung der Männer, besonders solcher dicken, wohlbeleibten, die selbst einen breiten Schatten warfen. Ein

---

[1] Ausdruck eines Gesichts
[2] arbeitslosen

schönes, holdes[1] Mädchen, die, wie es schien, ihre Eltern begleitete, indem diese bedächtig nur vor ihre Füße sahen, wandte von
ungefähr[2] ihr leuchtendes Auge auf mich; sie erschrak sichtbarlich, da sie meine Schattenlosigkeit bemerkte, verhüllte ihr schönes Antlitz in ihren Schleier, ließ den Kopf sinken, und ging laut-
los vorüber.

Ich ertrug es länger nicht. Salzige Ströme brachen aus meinen
Augen, und mit durchschnittenem Herzen zog ich mich schwan-
kend ins Dunkel zurück. Ich musste mich an den Häusern halten, um meine Schritte zu sichern, und erreichte langsam und
spät meine Wohnung.

Ich brachte die Nacht schlaflos zu. Am andern Tage war meine
erste Sorge, nach dem Manne im grauen Rocke überall suchen zu
lassen. Vielleicht sollte es mir gelingen, ihn wiederzufinden, und
wie glücklich! wenn ihn, wie mich, der törichte Handel gereuen
sollte. Ich ließ Bendel vor mich kommen, er schien Gewandtheit
und Geschick zu besitzen, – ich schilderte ihm genau den Mann,
in dessen Besitz ein Schatz sich befand, ohne den mir das Leben
nur eine Qual sei. Ich sagte ihm die Zeit, den Ort, wo ich ihn gesehen; beschrieb ihm alle, die zugegen gewesen, und fügte dieses
Zeichen noch hinzu: Er solle sich nach einem Dollondschen
Fernrohr, nach einem golddurchwirkten türkischen Teppich,
nach einem Prachtlustzelt, und endlich nach den schwarzen Reit-
hengsten genau erkundigen, deren Geschichte, ohne zu bestimmen wie, mit der des rätselhaften Mannes zusammenhänge, welcher allen unbedeutend geschienen, und dessen Erscheinung die
Ruhe und das Glück meines Lebens zerstört hatte.

Wie ich ausgeredet, holt ich Gold her, eine Last, wie ich sie nur zu
tragen vermochte, und legte Edelsteine und Juwelen noch hinzu
für einen größern Wert. „Bendel", sprach ich, „dieses ebnet viele
Wege und macht vieles leicht, was unmöglich schien; sei nicht
karg damit, wie ich es nicht bin, sondern geh, und erfreue deinen
Herrn mit Nachrichten, auf denen seine alleinige Hoffnung be-
ruht."

---

[1] anmutiges, liebliches
[2] zufällig

Er ging. Spät kam er und traurig zurück. Keiner von den Leuten des Herrn John, keiner von seinen Gästen, er hatte alle gesprochen, wusste sich nur entfernt an den Mann im grauen Rocke zu erinnern. Der neue Teleskop[1] war da, und keiner wusste, wo er
5 hergekommen; der Teppich, das Zelt waren da noch auf demselben Hügel ausgebreitet und aufgeschlagen, die Knechte rühmten den Reichtum ihres Herrn, und keiner wusste, von wannen[2] diese neuen Kostbarkeiten ihm zugekommen. Er selbst hatte sein Wohlgefallen daran, und ihn kümmerte es nicht, dass er nicht
10 wisse, woher er sie habe; die Pferde hatten die jungen Herren, die sie geritten, in ihren Ställen, und sie priesen die Freigebigkeit des Herrn John, der sie ihnen an jenem Tage geschenkt. So viel erhellte aus der ausführlichen Erzählung Bendels, dessen rascher Eifer und verständige Führung, auch bei so fruchtlosem Erfolge, mein
15 verdientes Lob erhielten. Ich winkte ihm düster, mich allein zu lassen.

„Ich habe", hub er wieder an, „meinem Herrn Bericht abgestattet über die Angelegenheit, die ihm am wichtigsten war. Mir bleibt noch ein Auftrag auszurichten, den mir heute früh jemand gege-
20 ben, welchem ich vor der Tür begegnete, da ich zu dem Geschäfte ausging, wo ich so unglücklich[3] gewesen. Die eigenen Worte des Mannes waren: ,Sagen Sie dem Herrn Peter Schlemihl, er würde mich hier nicht mehr sehen, da ich übers Meer gehe, und ein günstiger Wind mich so eben nach dem Hafen ruft. Aber über
25 Jahr und Tag[4] werde ich die Ehre haben, ihn selber aufzusuchen und ein anderes, ihm dann vielleicht annehmliches[5] Geschäft vorzuschlagen. Empfehlen Sie mich ihm untertänigst, und versichern ihn meines Dankes.' Ich frug ihn, wer er wäre, er sagte aber, Sie kennten ihn schon."

30 „Wie sah der Mann aus?" rief ich voller Ahnung. Und Bendel beschrieb mir den Mann im grauen Rocke Zug für Zug, Wort für

---

[1] Fernrohr
[2] woher
[3] hier: erfolglos
[4] Redensart: in geraumer Zeit. Schlemihl und der Graue nehmen den Ausdruck wörtlich, Schlemihl verrechnet sich aber (vgl. S. 43).
[5] annehmbares, zufriedenstellendes

Wort, wie er getreu in seiner vorigen Erzählung des Mannes er-
wähnt, nach dem er sich erkundigt. –

„Unglücklicher!" schrie ich händeringend, „das war er ja selbst!"
und ihm fiel es wie Schuppen von den Augen. – „Ja, er war es, war
es wirklich!" rief er erschreckt aus, „und ich Verblendeter, Blöd-
sinniger habe ihn nicht erkannt, ihn nicht erkannt und meinen
Herrn verraten!"

Er brach, heiß weinend, in die bittersten Vorwürfe gegen sich selber aus, und die Verzweiflung, in der er war, musste mir selber
Mitleiden einflößen. Ich sprach ihm Trost ein, versicherte ihn
wiederholt, ich setzte keinen Zweifel in seine Treue, und schickte
ihn alsbald nach dem Hafen, um, wo möglich, die Spuren des
seltsamen Mannes zu verfolgen. Aber an diesem selben Morgen
waren sehr viele Schiffe, die widrige Winde im Hafen zurückge-
halten, ausgelaufen, alle nach anderen[1] Weltstrichen, alle nach
anderen Küsten bestimmt, und der graue Mann war spurlos wie
ein Schatten verschwunden.

III

Was hülfen Flügel dem in eisernen Ketten fest Angeschmiede-
ten? Er müsste dennoch, und schrecklicher, verzweifeln. Ich lag,
wie Faffner bei seinem Hort[2], fern von jedem menschlichen Zu-
spruch, bei meinem Golde darbend[3], aber ich hatte nicht das Herz
nach ihm, sondern ich fluchte ihm, um dessentwillen ich mich
von allem Leben abgeschnitten sah. Bei mir allein mein düstres
Geheimnis hegend, fürchtete ich mich vor dem letzten meiner
Knechte, den ich zugleich beneiden musste; denn er hatte einen
Schatten, er durfte sich sehen lassen in der Sonne. Ich vertrauerte
einsam in meinen Zimmern die Tag' und Nächte, und Gram
zehrte an meinem Herzen.

---

[1] unterschiedlichen
[2] der Drache, der in der Nibelungensage den Hort (Schatz) der Nibelun-
gen bewacht
[3] Not leidend

Noch einer härmte[1] sich unter meinen Augen ab, mein treuer Bendel hörte nicht auf, sich mit stillen Vorwürfen zu martern, dass er das Zutrauen seines gütigen Herrn betrogen, und jenen nicht erkannt, nach dem er ausgeschickt war, und mit dem er
5 mein trauriges Schicksal in enger Verflechtung denken musste. Ich aber konnte ihm keine Schuld geben, ich erkannte in dem Ereignis die fabelhafte Natur des Unbekannten.

Nichts unversucht zu lassen, schickt ich einst Bendel mit einem kostbaren brillantenen Ring zu dem berühmtesten Maler der
10 Stadt, den ich, mich zu besuchen, einladen ließ. Er kam, ich entfernte meine Leute, verschloss die Tür, setzte mich zu dem Mann, und, nachdem ich seine Kunst gepriesen, kam ich mit schwerem Herzen zur Sache, ich ließ ihn zuvor das strengste Geheimnis geloben.

15 „Herr Professor", fuhr ich fort, „könnten Sie wohl einem Menschen, der auf die unglücklichste Weise von der Welt um seinen Schatten gekommen ist, einen falschen Schatten malen?" – – „Sie meinen einen Schlagschatten[2]?" – „Den mein ich allerdings." – „Aber", frug er mich weiter, „durch welche Ungeschicklichkeit,
20 durch welche Nachlässigkeit konnte er denn seinen Schlagschatten verlieren?" – „Wie es kam", erwiderte ich, „mag nun sehr gleichgültig sein, doch so viel", log ich ihm unverschämt vor: „In Russland, wo er im vorigen Winter eine Reise tat, fror ihm einmal, bei einer außerordentlichen Kälte, sein Schatten dergestalt
25 am Boden fest, dass er ihn nicht wieder losbekommen konnte."

„Der falsche Schlagschatten, den ich ihm malen könnte", erwiderte der Professor, „würde doch nur ein solcher sein, den er bei der leisesten Bewegung wieder verlieren müsste, – zumal wer an dem eignen angebornen Schatten so wenig festhing, als aus Ihrer
30 Erzählung selbst sich abnehmen[3] lässt; wer keinen Schatten hat, gehe nicht in die Sonne, das ist das Vernünftigste und Sicherste." Er stand auf und entfernte sich, indem er auf mich einen durch-

---

[1] grämte sich
[2] scharf konturierter Schatten eines Gegenstandes (im Unterschied zu Schatten allgemein, die scharf oder unscharf sein können)
[3] entnehmen

bohrenden Blick warf, den der meine nicht ertragen konnte. Ich sank in meinen Sessel zurück, und verhüllte mein Gesicht in meine Hände.

So fand mich noch Bendel, als er hereintrat. Er sah den Schmerz
5 seines Herrn, und wollte sich still, ehrerbietig zurückziehen. – Ich blickte auf – ich erlag unter der Last meines Kummers, ich musste ihn mitteilen. „Bendel", rief ich ihm zu, „Bendel! Du Einziger, der du meine Leiden siehst und ehrst, sie nicht erforschen zu wollen, sondern still und fromm mitzufühlen scheinst, komm
10 zu mir, Bendel, und sei der Nächste meinem Herzen. Die Schätze meines Goldes hab ich vor dir nicht verschlossen, nicht verschließen will ich vor dir die Schätze meines Grames. – Bendel, verlasse mich nicht. Bendel, du siehst mich reich, freigebig, gütig, du wähnst, es sollte die Welt mich verherrlichen, und du siehst mich
15 die Welt fliehn und mich vor ihr verschließen. Bendel, sie hat gerichtet, die Welt, und mich verstoßen, und auch du vielleicht wirst dich von mir wenden, wenn du mein schreckliches Geheimnis erfährst: Bendel, ich bin reich, freigebig, gütig, aber – o Gott! – ich habe keinen Schatten!" –
20 „Keinen Schatten?" rief der gute Junge erschreckt aus, und die hellen Tränen stürzten ihm aus den Augen. – „Weh mir, dass ich geboren ward, einem schattenlosen Herrn zu dienen!" Er schwieg, und ich hielt mein Gesicht in meinen Händen. –

„Bendel", setzt ich spät und zitternd hinzu, „nun hast du mein
25 Vertrauen, nun kannst du es verraten. Geh hin und zeuge wider mich." – Er schien in schwerem Kampfe mit sich selber, endlich stürzte er vor mir nieder und ergriff meine Hand, die er mit seinen Tränen benetzte. „Nein", rief er aus, „was die Welt auch meine, ich kann und werde um Schattens willen meinen gütigen
30 Herrn nicht verlassen, ich werde recht, und nicht klug handeln, ich werde bei Ihnen bleiben, Ihnen meinen Schatten borgen, Ihnen helfen, wo ich kann, und wo ich nicht kann, mit Ihnen weinen." Ich fiel ihm um den Hals, ob solcher ungewohnten Gesinnung staunend; denn ich war von ihm überzeugt, dass er es nicht
35 um Gold tat.

Seitdem änderten sich in etwas mein Schicksal und meine Lebensweise. Es ist unbeschreiblich, wie vorsorglich Bendel mein

Gebrechen zu verhehlen[1] wusste. Überall war er vor mir und mit mir, alles vorhersehend, Anstalten treffend, und wo Gefahr unversehens drohte, mich schnell mit seinem Schatten überdeckend, denn er war größer und stärker[2] als ich. So wagt ich mich
5 wieder unter die Menschen, und begann eine Rolle in der Welt zu spielen. Ich musste freilich viele Eigenheiten und Launen scheinbar annehmen. Solche stehen aber dem Reichen gut, und solange die Wahrheit nur verborgen blieb, genoss ich aller der Ehre und Achtung, die meinem Golde zukam. Ich sah ruhiger dem über
10 Jahr und Tag verheißenen Besuch des rätselhaften Unbekannten entgegen.

Ich fühlte sehr wohl, dass ich mich nicht lange an einem Ort aufhalten durfte, wo man mich schon ohne Schatten gesehen, und wo ich leicht verraten werden konnte; auch dacht ich vielleicht
15 nur allein noch daran, wie ich mich bei Herrn John gezeigt, und es war mir eine drückende Erinnerung, demnach wollt ich hier bloß Probe halten, um anderswo leichter und zuversichtlicher auftreten zu können – doch fand sich, was mich eine Zeit lang an meiner Eitelkeit festhielt: das ist im Menschen, wo der Anker am
20 zuverlässigsten Grund fasst.

Eben die schöne Fanny, der ich am dritten Ort wiederbegegnete, schenkte mir, ohne sich zu erinnern, mich jemals gesehen zu haben, einige Aufmerksamkeit, denn jetzt hatt ich Witz und Verstand. – Wenn ich redete, hörte man zu, und ich wusste selber
25 nicht, wie ich zu der Kunst gekommen war, das Gespräch so leicht zu führen und zu beherrschen. Der Eindruck, den ich auf die Schöne gemacht zu haben einsah, machte aus mir, was sie eben begehrte, einen Narren, und ich folgte ihr seither mit tausend Mühen durch Schatten und Dämmerung, wo ich nur konnte. Ich
30 war nur eitel[3] darauf, sie über mich eitel zu machen, und konnte mir, selbst mit dem besten Willen, nicht den Rausch aus dem Kopf ins Herz zwingen.

---

[1] geheim halten
[2] hier: breiter, kräftiger gebaut
[3] eingebildet

Aber wozu die ganz gemeine[1] Geschichte Dir lang und breit wiederholen? – Du selber hast sie mir oft genug von andern Ehrenleuten erzählt. – Zu dem alten, wohlbekannten Spiele, worin ich gutmütig eine abgedroschene Rolle übernommen, kam freilich
5 eine ganz eigens[2] gedichtete Katastrophe hinzu, mir und ihr und allen unerwartet.

Da ich an einem schönen Abend nach meiner Gewohnheit eine Gesellschaft in einem Garten versammelt hatte, wandelte ich mit der Herrin Arm in Arm, in einiger Entfernung von den übrigen
10 Gästen, und bemühte mich, ihr Redensarten vorzudrechseln[3]. Sie sah sittig[4] vor sich nieder und erwiderte leise den Druck meiner Hand; da trat unversehens hinter uns der Mond aus den Wolken hervor – und sie sah nur *ihren* Schatten vor sich hinfallen. Sie fuhr zusammen und blickte bestürzt mich an, dann wieder auf die
15 Erde, mit dem Auge meinen Schatten begehrend; und was in ihr vorging, malte sich so sonderbar in ihren Mienen, dass ich in ein lautes Gelächter hätte ausbrechen mögen, wenn es mir nicht selber eiskalt über den Rücken gelaufen wäre.

Ich ließ sie aus meinem Arm in eine Ohnmacht sinken, schoss
20 wie ein Pfeil durch die entsetzten Gäste, erreichte die Tür, warf mich in den ersten Wagen, den ich da haltend fand, und fuhr nach der Stadt zurück, wo ich diesmal zu meinem Unheil den vorsichtigen Bendel gelassen hatte. Er erschrak, als er mich sah, ein Wort entdeckte ihm alles. Es wurden auf der Stelle Postpferde
25 geholt. Ich nahm nur einen meiner Leute mit mir, einen abgefeimten[5] Spitzbuben, namens Rascal, der sich mir durch seine Gewandtheit notwendig zu machen gewusst, und der nichts vom heutigen Vorfall ahnen konnte. Ich legte in derselben Nacht noch dreißig Meilen[6] zurück. Bendel blieb hinter mir, mein Haus auf-
30 zulösen, Gold zu spenden und mir das Nötigste nachzubringen. Als er mich am andern Tage einholte, warf ich mich in seine Ar-

---

[1] gewöhnliche
[2] hier: eigenartig
[3] etwa: ihr künstliche Komplimente zu machen
[4] sittsam
[5] durchtriebenen, gerissenen
[6] Längenmaß: 1 preußische Meile = 7,5 km

me, und schwur ihm, nicht etwa keine Torheit mehr zu begehen, sondern nur künftig vorsichtiger zu sein. Wir setzten unsre Reise ununterbrochen fort, über die Grenze und das Gebirg, und erst am andern Abhang, durch das hohe Bollwerk[1] von jenem Un-
5 glücksboden getrennt, ließ ich mich bewegen, in einem nah gelegenen und wenig besuchten Badeort von den überstandenen Mühseligkeiten auszurasten[2].

IV

Ich werde in meiner Erzählung schnell über eine Zeit hineilen müssen, bei der ich wie gerne! verweilen würde, wenn ich ihren
10 lebendigen Geist in der Erinnerung heraufzubeschwören vermöchte. Aber die Farbe, die sie belebte, und nur wieder beleben kann, ist in mir verloschen, und wenn ich in meiner Brust wieder finden will, was sie damals so mächtig erhob, die Schmerzen und das Glück, den frommen Wahn, – da schlag ich vergebens an ei-
15 nen Felsen[3], der keinen lebendigen Quell mehr gewährt, und der Gott ist von mir gewichen. Wie verändert blickt sie mich jetzt an, diese vergangene Zeit! – Ich sollte dort in dem Bade eine heroische Rolle tragieren[4], schlecht einstudiert, und ein Neuling auf der Bühne, vergaff ich mich aus dem Stücke heraus in ein Paar
20 blaue Augen. Die Eltern, vom Spiele getäuscht, bieten alles auf, den Handel nur schnell festzumachen, und die gemeine Posse[5] beschließt eine Verhöhnung. Und das ist alles, alles! – Das kommt mir albern und abgeschmackt vor, und schrecklich wiederum, dass so mir vorkommen kann, was damals so reich, so groß, die
25 Brust mir schwellte. Mina, wie ich damals weinte, als ich dich verlor, so wein ich jetzt, dich auch in mir verloren zu haben. Bin

---

[1] hier: Gebirge
[2] auszuruhen
[3] Anspielung auf das Alte Testament. Gott sagt beim Zug des Volkes Israel durch die Wüste zu Moses: „Da sollst du den Fels schlagen, so wird Wasser herauslaufen, dass das Volk trinke."
[4] eine Rolle tragisch spielen
[5] ein komisches, volkstümliches Bühnenstück; übertragene Bedeutung: Unfug

ich denn so alt worden? – O traurige Vernunft! Nur noch ein Puls-
schlag jener Zeit, ein Moment jenes Wahnes, – aber nein! einsam
auf dem hohen, öden Meere deiner bittern Flut, und längst aus
dem letzten Pokale der Champagner Elfe[1] entsprüht!

5 Ich hatte Bendel mit einigen Goldsäcken vorausgeschickt, um
mir im Städtchen eine Wohnung nach meinen Bedürfnissen einzurichten. Er hatte dort viel Geld ausgestreut, und sich über den
vornehmen Fremden, dem er diente, etwas unbestimmt ausge-
drückt, denn ich wollte nicht genannt sein, das brachte die guten
10 Leute auf sonderbare Gedanken. Sobald mein Haus zu meinem
Empfang bereit war, kam Bendel wieder zu mir und holte mich
dahin ab. Wir machten uns auf die Reise.

Ungefähr eine Stunde vom Orte, auf einem sonnigen Plan[2], ward
uns der Weg durch eine festlich geschmückte Menge versperrt.
15 Der Wagen hielt. Musik, Glockengeläute, Kanonenschüsse wurden gehört, ein lautes Vivat[3] durchdrang die Luft, – vor dem Schlage des Wagens erschien in weißen Kleidern ein Chor Jungfrauen
von ausnehmender Schönheit, die aber vor der Einen, wie die
Sterne der Nacht vor der Sonne, verschwanden. Sie trat aus der
20 Mitte der Schwestern hervor; die hohe zarte Bildung[4] kniete verschämt errötend vor mir nieder, und hielt mir auf seidenem Kis-
sen einen aus Lorbeer, Ölzweigen und Rosen geflochtenen Kranz
entgegen, indem sie von Majestät, Ehrfurcht und Liebe einige
Worte sprach, die ich nicht verstand, aber deren zauberischer Sil-
25 berklang mein Ohr und Herz berauschte, – es war mir, als wäre
schon einmal die himmlische Erscheinung an mir vorüberge-
wallt. Der Chor fiel ein und sang das Lob eines guten Königs und
das Glück seines Volkes.

Und dieser Auftritt, lieber Freund, mitten in der Sonne! – Sie
30 kniete noch immer zwei Schritte von mir, und ich, ohne Schatten,
konnte die Kluft nicht überspringen, nicht wieder[5] vor dem Engel
auf die Kniee fallen. O, was hätt ich nicht da für einen Schatten

---

1 Champagner des (sogenannten „Jahrhundert"-) Jahrgangs 1811
2 Ebene
3 „Er lebe hoch!"
4 hier: Gestalt
5 gleichfalls

gegeben! Ich musste meine Scham, meine Angst, meine Verzweiflung tief in den Grund meines Wagens verbergen. Bendel
besann sich endlich für mich, er sprang von der andern Seite aus
dem Wagen heraus, ich rief ihn noch zurück und reichte ihm aus
meinem Kästchen, das mir eben zur Hand lag, eine reiche dia-
mantene Krone, die die schöne Fanny hatte zieren sollen. Er trat
vor, und sprach im Namen seines Herrn, welcher solche Ehrenbe-
zeugungen nicht annehmen könne noch wolle; es müsse hier ein
Irrtum vorwalten[1]; jedoch seien die guten Einwohner der Stadt
für ihren guten Willen bedankt. Er nahm indes den dargehaltenen Kranz von seinem Ort und legte den brillantenen Reif an
dessen Stelle; dann reichte er ehrerbietig der schönen Jungfrau
die Hand zum Aufstehen, entfernte mit einem Wink Geistlich-
keit, Magistratus[2] und alle Deputationen[3]. Niemand ward weiter
vorgelassen. Er hieß den Haufen[4] sich teilen und den Pferden
Raum geben, schwang sich wieder in den Wagen, und fort gings
weiter in gestrecktem Galopp[5], unter einer aus Laubwerk und
Blumen erbauten Pforte hinweg, dem Städtchen zu. – Die Kano-
nen wurden immer frischweg abgefeuert. – Der Wagen hielt vor
meinem Hause; ich sprang behend in die Tür, die Menge teilend,
die die Begierde, mich zu sehen, herbeigerufen hatte. Der Pöbel
schrie Vivat unter meinem Fenster, und ich ließ doppelte Dukaten
daraus regnen. Am Abend war die Stadt freiwillig erleuchtet. –
Und ich wusste immer noch nicht, was das alles bedeuten sollte
und für wen ich angesehen wurde. Ich schickte Rascaln auf Kund-
schaft aus. Er ließ sich denn erzählen, wasmaßen[6] man bereits
sichere Nachrichten gehabt, der gute König von Preußen[7] reise
unter dem Namen eines Grafen durch das Land; wie mein Adju-
tant[8] erkannt worden sei, und wie er sich und mich verraten habe;

---

[1] vorliegen
[2] Obrigkeit
[3] Abordnungen
[4] Volksmenge
[5] schnell
[6] auf welche Weise, wie
[7] Friedrich Wilhelm III. (regierte 1797–1840)
[8] Sekretär und Begleiter des Kommandeurs einer militärischen Einheit

wie groß endlich die Freude gewesen, da man die Gewissheit gehabt, mich im Orte selbst zu besitzen. Nun sah man freilich ein, da ich offenbar das strengste Inkognito[1] beobachten wolle, wie sehr man unrecht gehabt, den Schleier so zudringlich zu lüften.
5 Ich hätte aber so huldreich[2], so gnadenvoll gezürnt, – ich würde gewiss dem guten Herzen verzeihen müssen.

Meinem Schlingel kam die Sache so spaßhaft vor, dass er mit strafenden Reden sein Möglichstes tat, die guten Leute einstweilen in ihrem Glauben zu bestärken. Er stattete mir einen sehr
10 komischen Bericht ab, und da er mich dadurch erheitert sah, gab er mir selbst seine verübte Bosheit zum besten. – Muß ichs bekennen? Es schmeichelte mir doch, sei es auch nur so, für das verehrte Haupt angesehen worden zu sein.

Ich hieß zu dem morgenden[3] Abend unter den Bäumen, die den
15 Raum vor meinem Hause beschatteten, ein Fest bereiten und die ganze Stadt dazu einladen. Der geheimnisreichen Kraft meines Seckels, Bendels Bemühungen und der behenden Erfindsamkeit[4] Rascals gelang es, selbst die Zeit zu besiegen. Es ist wirklich erstaunlich, wie reich und schön sich alles in den wenigen Stunden
20 anordnete. Die Pracht und der Überfluss, die da sich erzeugten; auch die sinnreiche[5] Erleuchtung war so weise verteilt, dass ich mich ganz sicher fühlte. Es blieb mir nichts zu erinnern[6], ich musste meine Diener loben.

Es dunkelte der Abend. Die Gäste erschienen und wurden mir
25 vorgestellt. Es ward die Majestät nicht mehr berührt[7]; aber ich hieß in tiefer Ehrfurcht und Demut: Herr Graf. Was sollt ich tun? Ich ließ mir den Grafen gefallen, und blieb von Stund an der Graf Peter. Mitten im festlichen Gewühle begehrte meine Seele nur nach der Einen. Spät erschien sie, sie, die die Krone war und trug.
30 Sie folgte sittsam ihren Eltern, und schien nicht zu wissen, dass

---

[1] Auftreten unter fremdem Namen
[2] freundlich, wohlwollend
[3] morgigen
[4] Erfindungsreichtum
[5] zweckmäßige
[6] auszusetzen
[7] Das Inkognito wurde respektiert.

sie die Schönste sei. Es wurden mir der Herr Forstmeister, seine Frau und seine Tochter vorgestellt. Ich wusste den Alten viel Angenehmes und Verbindliches zu sagen; vor der Tochter stand ich wie ein ausgescholtener Knabe da, und vermochte kein Wort her-
5 vorzulallen. Ich bat sie endlich stammelnd, dies Fest zu würdigen[1], das Amt, dessen Zeichen sie schmückte, darin zu verwalten[2]. Sie bat verschämt mit einem rührenden Blick um Schonung; aber verschämter vor ihr, als sie selbst, brachte ich ihr als erster Untertan meine Huldigung in tiefer Ehrfurcht, und der Wink des
10 Grafen ward allen Gästen ein Gebot, dem nachzuleben sich jeder freudig beeiferte[3]. Majestät, Unschuld und Grazie[4] beherrschten, mit der Schönheit im Bunde, ein frohes Fest. Die glücklichen Eltern Minas glaubten ihnen nur zu Ehren ihr Kind erhöht; ich selber war in einem unbeschreiblichen Rausch. Ich ließ alles, was
15 ich noch von den Juwelen hatte, die ich damals, um beschwerliches Gold loszuwerden, gekauft, alle Perlen, alles Edelgestein in zwei verdeckte Schüsseln legen und bei Tische, unter dem Namen der Königin, ihren Gespielinnen und allen Damen herumreichen; Gold ward indessen ununterbrochen über die gezogenen
20 Schranken unter das jubelnde Volk geworfen.
Bendel am andern Morgen eröffnete mir im Vertrauen, der Verdacht, den er längst gegen Rascals Redlichkeit gehegt, sei nunmehr zur Gewissheit worden. Er habe gestern ganze Säcke Goldes unterschlagen. „Lass uns", erwidert ich, „dem armen Schel-
25 men die kleine Beute gönnen; ich spende gern allen, warum nicht auch ihm? Gestern hat er mir, haben mir alle neuen Leute, die du mir gegeben, redlich gedient, sie haben mir froh ein frohes Fest begehen helfen."
Es war nicht weiter die Rede davon. Rascal blieb der erste meiner
30 Dienerschaft, Bendel war aber mein Freund und mein Vertrauter. Dieser war gewohnt worden, meinen Reichtum als unerschöpflich zu denken, und er spähte nicht nach dessen Quellen; er half

---

[1] dem Fest Würde und Wert zu verleihen
[2] die Königin des Festes zu sein
[3] bemühte
[4] Anmut

mir vielmehr, in meinen Sinn eingehend, Gelegenheiten ersinnen, ihn darzutun[1] und Gold zu vergeuden. Von jenem Unbekannten, dem blassen Schleicher, wusst er nur so viel: Ich dürfe allein durch ihn von dem Fluche erlöst werden, der auf mir laste,
5 und fürchte ihn, auf dem meine einzige Hoffnung ruhe. Übrigens sei ich davon überzeugt, er könne mich überall auffinden, ich ihn nirgends, darum ich, den versprochenen Tag erwartend, jede vergebliche Nachsuchung eingestellt.

Die Pracht meines Festes und mein Benehmen dabei erhielten
10 anfangs die starkgläubigen[2] Einwohner der Stadt bei ihrer vorgefassten Meinung. Es ergab sich freilich sehr bald aus den Zeitungen, dass die ganze fabelhafte Reise des Königs von Preußen ein bloßes ungegründetes[3] Gerücht gewesen. Ein König war ich aber nun einmal, und musste schlechterdings ein König bleiben, und
15 zwar einer der reichsten und königlichsten, die es immer geben mag. Nur wusste man nicht recht, welcher. Die Welt hat nie Grund gehabt, über Mangel an Monarchen zu klagen, am wenigsten in unsern Tagen; die guten Leute, die noch keinen mit Augen gesehen, rieten mit gleichem Glück bald auf diesen, bald auf je-
20 nen – Graf Peter blieb immer, der er war. –

Einst erschien unter den Badegästen ein Handelsmann, der Bankrott gemacht hatte, um sich zu bereichern[4], der allgemeiner Achtung genoss und einen breiten, obgleich etwas blassen Schatten von sich warf. Er wollte hier das Vermögen, das er gesammelt,
25 zum Prunk ausstellen, und es fiel sogar ihm ein, mit mir wetteifern zu wollen. Ich sprach meinem Seckel zu, und hatte sehr bald den armen Teufel so weit, dass er, um sein Ansehen zu retten, abermals Bankerot machen musste und über das Gebirge ziehen. So ward ich ihn los. – Ich habe in dieser Gegend viele Taugenicht-
30 se und Müßiggänger gemacht!

---

[1] zu zeigen
[2] unbeirrbaren
[3] unbegründetes
[4] Der Geschäftsmann hat sich offiziell für zahlungsunfähig erklären lassen, obwohl er es gar nicht ist. Durch diesen Betrug muss er ausstehende Schulden nicht begleichen und verdient dadurch indirekt viel Geld.

Bei der königlichen Pracht und Verschwendung, womit ich mir alles unterwarf, lebt ich in meinem Hause sehr einfach und eingezogen[1]. Ich hatte mir die größte Vorsicht zur Regel gemacht, es durfte, unter keinem Vorwand, kein anderer, als Bendel, die Zim-
5 mer, die ich bewohnte, betreten. Solange die Sonne schien, hielt ich mich mit ihm darin verschlossen, und es hieß: der Graf arbeite in seinem Kabinet. Mit diesen Arbeiten standen die häufigen Kuriere in Verbindung, die ich um jede Kleinigkeit abschickte und erhielt. – Ich nahm nur am Abend unter meinen Bäumen,
10 oder in meinem nach Bendels Angabe geschickt und reich erleuchteten Saale Gesellschaft an. Wenn ich ausging, wobei mich stets Bendel mit Argusaugen bewachen musste, so war es nur nach dem Förstergarten, und um der einen willen; denn meines Lebens innerlichstes Herz war meine Liebe.
15 O mein guter Chamisso, ich will hoffen, Du habest noch nicht vergessen, was Liebe sei! Ich lasse Dir hier vieles zu ergänzen. Mina war wirklich ein liebewertes, gutes, frommes Kind. Ich hatte ihre ganze Fantasie an mich gefesselt, sie wusste in ihrer Demut nicht, womit sie wert gewesen, dass ich nur nach ihr geblickt;
20 und sie vergalt Liebe um Liebe mit der vollen jugendlichen Kraft eines unschuldigen Herzens. Sie liebte wie ein Weib, ganz hin sich opfernd; selbstvergessen, hingegeben den nur meinend, der ihr Leben war, unbekümmert, solle sie selbst zugrunde gehen, das heißt, sie liebte wirklich. –
25 Ich aber – o welche schreckliche Stunden – schrecklich! und würdig dennoch, dass ich sie zurückwünsche – hab ich oft an Bendels Brust verweint, als nach dem ersten bewusstlosen Rausch ich mich besonnen, mich selbst scharf angeschaut, der ich, ohne Schatten, mit tückischer Selbstsucht diesen Engel verderbend,
30 die reine Seele an mich gelogen und gestohlen! Dann beschloss ich, mich ihr selber zu verraten; dann gelobt ich mit teuren Eidschwüren, mich von ihr zu reißen und zu entfliehen; dann brach ich wieder in Tränen aus und verabredete mit Bendeln, wie ich sie auf den Abend im Förstergarten besuchen wolle. –

---

[1] zurückgezogen

Zu andern Zeiten log ich mir selber vom nahe bevorstehenden Besuch des grauen Unbekannten große Hoffnungen vor, und weinte wieder, wenn ich daran zu glauben vergebens versucht hatte. Ich hatte den Tag ausgerechnet, wo ich den Furchtbaren
5 wiederzusehen erwartete; denn er hatte gesagt, in Jahr und Tag, und ich glaubte an sein Wort.

Die Eltern waren gute, ehrbare, alte Leute, die ihr einziges Kind sehr liebten, das ganze Verhältnis überraschte sie, als es schon bestand, und sie wussten nicht, was sie dabei tun sollten. Sie hat-
10 ten früher nicht geträumt, der Graf Peter könne nur an ihr Kind denken, nun liebte er sie gar und ward wieder geliebt. – Die Mutter war wohl eitel genug, an die Möglichkeit einer Verbindung zu denken, und darauf hinzuarbeiten; der gesunde Menschenverstand des Alten gab solchen überspannten Vorstellungen nicht
15 Raum. Beide waren überzeugt von der Reinheit meiner Liebe – sie konnten nichts tun, als für ihr Kind beten.

Es fällt mir ein Brief in die Hand, den ich noch aus dieser Zeit von Mina habe. – Ja, das sind ihre Züge! Ich will Dir ihn abschreiben.

„Bin ein schwaches, törichtes Mädchen, könnte mir einbilden,
20 dass mein Geliebter, weil ich ihn innig, innig liebe, dem armen Mädchen nicht wehtun möchte. – Ach, Du bist so gut, so unaussprechlich gut; aber missdeute mich nicht. Du sollst mir nichts opfern, mir nichts opfern wollen; o Gott! ich könnte mich hassen, wenn Du das tätest. Nein – Du hast mich unendlich glücklich
25 gemacht, Du hast mich Dich lieben gelehrt. Zeuch hin[1]! – Weiß doch mein Schicksal, Graf Peter gehört nicht mir, gehört der Welt an. Will stolz sein, wenn ich höre: das ist er gewesen, und das war er wieder, und das hat er vollbracht; da haben sie ihn angebetet, und da haben sie ihn vergöttert. Siehe, wenn ich das denke, zürne
30 ich Dir, dass Du bei einem einfältigen Kinde Deiner hohen Schicksale[2] vergessen kannst. – Zeuch hin, sonst macht der Gedanke mich noch unglücklich, die ich, ach! durch Dich so glücklich, so selig bin. – Hab ich nicht auch einen Ölzweig und eine Rosenknospe in Dein Leben geflochten, wie in den Kranz, den ich

---

[1] Zieh hin!
[2] Bestimmung zu etwas Höherem

Dir überreichen durfte? Habe Dich im Herzen, mein Geliebter, fürchte nicht, von mir zu gehen – werde sterben, ach! so selig, so unaussprechlich selig durch Dich." –

Du kannst Dir denken, wie mir die Worte durchs Herz schneiden
5 mussten. Ich erklärte ihr, ich sei nicht das, wofür man mich anzusehen schien; ich sei nur ein reicher, aber unendlich elender Mann. Auf mir ruhe ein Fluch, der das einzige Geheimnis zwischen ihr und mir sein solle, weil ich noch nicht ohne Hoffnung sei, dass er gelöst werde. Dies sei das Gift meiner Tage: dass ich
10 sie mit in den Abgrund hinreißen könne, sie, die das einzige Licht, das einzige Glück, das einzige Herz meines Lebens sei. Dann weinte sie wieder, dass ich unglücklich war. Ach, sie war so liebevoll, so gut! Um *eine* Träne nur mir zu erkaufen, hätte sie, mit welcher Seligkeit, sich selbst ganz hingeopfert.
15 Sie war indes weit entfernt, meine Worte richtig zu deuten, sie ahnete nun in mir irgendeinen Fürsten, den ein schwerer Bann getroffen, irgendein hohes, geächtetes Haupt, und ihre Einbildungskraft malte sich geschäftig unter heroischen Bildern den Geliebten herrlich aus.
20 Einst sagte ich ihr: „Mina, der letzte Tag im künftigen Monat kann mein Schicksal ändern und entscheiden – geschieht es nicht, so muss ich sterben, weil ich dich nicht unglücklich machen will." – Sie verbarg weinend ihr Haupt an meiner Brust. „Ändert sich dein Schicksal, lass mich nur dich glücklich wissen, ich habe kei-
25 nen Anspruch an dich. – Bist du elend, binde mich an dein Elend, dass ich es dir tragen helfe." –

„Mädchen, Mädchen, nimm es zurück, das rasche Wort, das törichte, das deinen Lippen entflohen – und kennst du es, dieses Elend, kennst du ihn, diesen Fluch? Weißt du, wer dein Geliebter
30 – – was er –? – Siehst du mich nicht krampfhaft zusammenschaudern, und vor dir ein Geheimnis haben?" Sie fiel schluchzend mir zu Füßen, und wiederholte mit Eidschwur ihre Bitte. –

Ich erklärte mich gegen den hereintretenden Forstmeister, meine Absicht sei, am ersten des nächstkünftigen[1] Monats um die Hand
35 seiner Tochter anzuhalten – ich setzte diese Zeit fest, weil sich bis

---

[1] nächsten

dahin manches ereignen dürfte, was Einfluß auf mein Schicksal haben könnte. Unwandelbar sei nur meine Liebe zu seiner Tochter. –
Der gute Mann erschrak ordentlich, als er solche Worte aus dem Munde des Grafen Peter vernahm. Er fiel mir um den Hals, und

5 ward wieder ganz verschämt, sich vergessen zu haben. Nun fiel es ihm ein, zu zweifeln, zu erwägen und zu forschen; er sprach von Mitgift, von Sicherheit, von Zukunft für sein liebes Kind. Ich dankte ihm, mich daran zu mahnen. Ich sagte ihm, ich wünsche in dieser Gegend, wo ich geliebt zu sein schien, mich anzusiedeln,

10 und ein sorgenfreies Leben zu führen. Ich bat ihn, die schönsten Güter, die im Lande ausgeboten[1] wurden, unter dem Namen seiner Tochter zu kaufen, und die Bezahlung auf mich anzuweisen. Es könne darin ein Vater dem Liebenden am besten dienen. – Es gab ihm viel zu tun, denn überall war ihm ein Fremder zuvorge-

15 kommen; er kaufte auch nur für ungefähr eine Million.
Dass ich ihn damit beschäftigte, war im Grunde eine unschuldige List, um ihn zu entfernen, und ich hatte schon ähnliche mit ihm gebraucht, denn ich muss gestehen, dass er etwas lästig war. Die gute Mutter war dagegen etwas taub, und nicht, wie er, auf die

20 Ehre eifersüchtig, den Herrn Grafen zu unterhalten.
Die Mutter kam hinzu, die glücklichen Leute drangen in mich, den Abend länger unter ihnen zu bleiben; ich durfte keine Minute weilen: Ich sah schon den aufgehenden Mond am Horizonte dämmern. – Meine Zeit war um.

25 Am nächsten Abend ging ich wieder nach dem Förstergarten. Ich hatte den Mantel weit über die Schulter geworfen, den Hut tief in die Augen gedrückt, ich ging auf Mina zu; wie sie aufsah, und mich anblickte, machte sie eine unwillkürliche Bewegung; da stand mir wieder klar vor der Seele die Erscheinung jener schaurigen Nacht, wo

30 ich mich im Mondschein ohne Schatten gezeigt. Sie war es wirklich. Hatte sie mich aber auch jetzt erkannt? Sie war still und gedankenvoll – mir lag es zentnerschwer auf der Brust – ich stand von meinem Sitz auf. Sie warf sich stille weinend an meine Brust. Ich ging. Nun fand ich sie öfters in Tränen, mir wards finster und finsterer um die Seele, – nur die Eltern schwammen in überschwänglicher

---

[1] angeboten

Glückseligkeit; der verhängnisvolle Tag rückte heran, bang und dumpf, wie eine Gewitterwolke. Der Vorabend war da – ich konnte kaum mehr atmen. Ich hatte vorsorglich einige Kisten mit Gold angefüllt, ich wachte die zwölfte Stunde heran. – Sie schlug. –

5 Nun saß ich da, das Auge auf die Zeiger der Uhr gerichtet, die Sekunden, die Minuten zählend, wie Dolchstiche. Bei jedem Lärm, der sich regte, fuhr ich auf, der Tag brach an. Die bleiernen Stunden verdrängten einander, es ward Mittag, Abend, Nacht; es rückten die Zeiger, welkte die Hoffnung; es schlug eilf[1], und

10 nichts erschien, die letzten Minuten der letzten Stunde fielen, und nichts erschien, es schlug der erste Schlag, der letzte Schlag der zwölften Stunde, und ich sank hoffnungslos in unendlichen Tränen auf mein Lager zurück. Morgen sollt ich – auf immer schattenlos, um die Hand der Geliebten anhalten; ein banger

15 Schlaf drückte mir gegen den Morgen die Augen zu.

V

Es war noch früh, als mich Stimmen weckten, die sich in meinem Vorzimmer, in heftigem Wortwechsel, erhoben. Ich horchte auf. – Bendel verbot meine Tür; Rascal schwur hoch und teuer, keine Befehle von seinesgleichen anzunehmen, und bestand darauf, in

20 meine Zimmer einzudringen. Der gütige Bendel verwies ihm, dass solche Worte, falls sie zu meinen Ohren kämen, ihn um einen vorteilhaften Dienst bringen würden. Rascal drohte Hand an ihn zu legen, wenn er ihm den Eingang noch länger vertreten wollte.

Ich hatte mich halb angezogen, ich riss zornig die Tür auf, und

25 fuhr auf Rascaln zu – „Was willst du, Schurke – –" er trat zwei Schritte zurück, und antwortete ganz kalt: „Sie untertänigst bitten, Herr Graf, mir doch einmal Ihren Schatten sehen zu lassen, – die Sonne scheint eben so schön auf dem Hofe." –

Ich war wie vom Donner gerührt. Es dauerte lange, bis ich die Spra-

30 che wiederfand. – „Wie kann ein Knecht gegen seinen Herrn –?" Er fiel mir ganz ruhig in die Rede: „Ein Knecht kann ein sehr ehrlicher

---

[1] elf

Mann sein und einem Schattenlosen nicht dienen wollen, ich ford-
re meine Entlassung." Ich musste andere Saiten aufziehen. „Aber,
Rascal, lieber Rascal, wer hat dich auf die unglückliche Idee gebracht, wie kannst du denken – –?" er fuhr im selben Tone fort: „Es
wollen Leute behaupten, Sie hätten keinen Schatten – und kurz, Sie
zeigen mir Ihren Schatten, oder geben mir meine Entlassung."
Bendel, bleich und zitternd, aber besonnener als ich, machte mir
ein Zeichen, ich nahm zu dem alles beschwichtigenden Golde
meine Zuflucht, – auch das hatte seine Macht verloren – er warfs
mir vor die Füße: „von einem Schattenlosen nehme ich nichts an."
Er kehrte mir den Rücken und ging, den Hut auf dem Kopf, ein
Liedchen pfeifend, langsam aus dem Zimmer. Ich stand mit Bendel da wie versteint, gedanken- und regungslos ihm nachsehend.
Schwer aufseufzend und den Tod im Herzen, schickt ich mich
endlich an, mein Wort zu lösen[1], und, wie ein Verbrecher vor seinen Richtern, in dem Förstergarten zu erscheinen. Ich stieg in
der dunklen Laube ab, welche nach mir benannt war, und wo sie
mich auch diesmal erwarten mussten. Die Mutter kam mir sor-
genfrei und freudig entgegen. Mina saß da, bleich und schön, wie
der erste Schnee, der manchmal im Herbste die letzten Blumen
küsst, und gleich in bittres Wasser zerfließen wird. Der Forstmeister, ein geschriebenes Blatt in der Hand, ging heftig auf und
ab, und schien vieles in sich zu unterdrücken, was, mit fliegender
Röte und Blässe wechselnd, sich auf seinem sonst unbeweglichen
Gesichte malte. Er kam auf mich zu, als ich hereintrat, und verlangte mit oft unterbrochenen Worten, mich allein zu sprechen.
Der Gang, auf den er mich, ihm zu folgen, einlud, führte nach
einem freien, besonnten Teile des Gartens – ich ließ mich stumm
auf einen Sitz nieder, und es erfolgte ein langes Schweigen, das
selbst die gute Mutter nicht zu unterbrechen wagte.
Der Forstmeister stürmte immer noch ungleichen Schrittes die
Laube auf und ab, er stand mit einem Mal vor mir still, blickte ins
Papier, das er hielt, und fragte mich mit prüfendem Blick: „Sollte
Ihnen, Herr Graf, ein gewisser Peter Schlemihl wirklich nicht un-
bekannt sein?" Ich schwieg – „ein Mann von vorzüglichem Cha-

---

[1] Heiratsversprechen zurückzunehmen

rakter und von besonderen Gaben –" Er erwartete eine Antwort.
– „Und wenn ich selber der Mann wäre?" – „dem", fügte er heftig
hinzu, „sein Schatten abhandengekommen ist!!" – „O meine Ahnung, meine Ahnung!" rief Mina aus, „ja, ich weiß es längst, er
hat keinen Schatten!" und sie warf sich in die Arme der Mutter,
welche erschreckt, sie krampfhaft an sich schließend, ihr Vorwürfe machte, dass sie zum Unheil solch ein Geheimnis in sich verschlossen. Sie aber war, wie Arethusa[1], in einen Tränenquell ge-
wandelt, der beim Klang meiner Stimme häufiger floss, und bei
meinem Nahen stürmisch aufbrauste.
„Und Sie haben", hub der Forstmeister grimmig wieder an, „und
Sie haben mit unerhörter Frechheit diese und mich zu betrügen
keinen Anstand genommen[2]; und Sie geben vor, sie zu lieben, die
Sie so weit heruntergebracht haben? Sehen Sie, wie sie da weint
und ringt. O schrecklich! schrecklich!"
Ich hatte dergestalt alle Besinnung verloren, dass ich, wie irre re-
dend, anfing: Es wäre doch am Ende ein Schatten, nichts als ein
Schatten, man könne auch ohne das fertig werden, und es wäre
nicht der Mühe wert, solchen Lärm davon zu erheben. Aber ich
fühlte so sehr den Ungrund[3] von dem, was ich sprach, dass ich
von selbst aufhörte, ohne dass er mich einer Antwort gewürdigt.
Ich fügte noch hinzu: Was man einmal verloren, könne man ein
andermal wieder finden.
Er fuhr mich zornig an. – „Gestehen Sie mirs, mein Herr, gestehen
Sie mirs, wie sind Sie um Ihren Schatten gekommen?" Ich musste
wieder lügen: „Es trat mir dereinst ein ungeschlachter Mann so
flämisch[4] in meinen Schatten, dass er ein großes Loch darein riss
– ich habe ihn nur zum Ausbessern gegeben, denn Gold vermag
viel, ich habe ihn schon gestern wiederbekommen sollen." –
„Wohl, mein Herr, ganz wohl!" erwiderte der Forstmeister, „Sie
werben um meine Tochter, das tun auch andere, ich habe als ein
Vater für sie zu sorgen, ich gebe Ihnen drei Tage Frist, binnen

---

[1] in einer griechischen Sage eine Nymphe, die in eine Quelle verwandelt
   wird
[2] keine Bedenken gehabt
[3] Haltlosigkeit, Unbegründetheit
[4] grob

welcher Sie sich nach einem Schatten umtun mögen; erscheinen
Sie binnen drei Tagen vor mir mit einem wohlangepassten Schatten, so sollen Sie mir willkommen sein: Am vierten Tage aber –
das sag ich Ihnen – ist meine Tochter die Frau eines andern." –
5 Ich wollte noch versuchen, ein Wort an Mina zu richten, aber sie
schloss sich, heftiger schluchzend, fester an ihre Mutter, und diese winkte mir stillschweigend, mich zu entfernen. Ich schwankte
hinweg, und mir wars, als schlösse sich hinter mir die Welt zu.
Der liebevollen Aufsicht Bendels entsprungen, durchschweifte
10 ich in irrem Lauf Wälder und Fluren. Angstschweiß troff[1] von
meiner Stirne, ein dumpfes Stöhnen entrang sich meiner Brust,
in mir tobte Wahnsinn. –
Ich weiß nicht, wie lange es so gedauert haben mochte, als ich
mich auf einer sonnigen Heide beim Ärmel anhalten fühlte. – Ich
15 stand still und sah mich um – – es war der Mann im grauen Rock,
der sich nach mir außer Atem gelaufen zu haben schien. Er nahm
sogleich das Wort:
„Ich hatte mich auf den heutigen Tag angemeldet, Sie haben die
Zeit nicht erwarten können. Es steht aber alles noch gut, Sie neh-
20 men Rat an, tauschen Ihren Schatten wieder ein, der Ihnen zu
Gebote steht, und kehren sogleich wieder um. Sie sollen in dem
Förstergarten willkommen sein, und alles ist nur ein Scherz gewesen; den Rascal, der Sie verraten hat und um Ihre Braut wirbt,
nehm ich auf mich, der Kerl ist reif."
25 Ich stand noch wie im Schlafe da. – „Auf den heutigen Tag angemeldet–?" ich überdachte noch einmal die Zeit – er hatte recht,
ich hatte mich stets um einen Tag verrechnet[2]. Ich suchte mit der
rechten Hand nach dem Säckel auf meiner Brust, – er erriet meine Meinung, und trat zwei Schritte zurück.
30 „Nein, Herr Graf, der ist in zu guten Händen, den behalten Sie."
– Ich sah ihn mit stieren Augen, verwundert fragend an, er fuhr
fort: „Ich erbitte mir bloß eine Kleinigkeit zum Andenken, Sie
sind nur so gut, und unterschreiben mir den Zettel da." – Auf
dem Pergament standen die Worte:

---

[1] tropfte
[2] s. S. 24, Anmerkung 4

„Kraft dieser meiner Unterschrift vermache ich dem Inhaber dieses meine Seele nach ihrer natürlichen Trennung von meinem Leibe."

Ich sah mit stummem Staunen die Schrift und den grauen Unbekannten abwechselnd an. – Er hatte unterdessen mit einer neu geschnittenen Feder einen Tropfen Bluts aufgefangen, der mir aus einem frischen Dornenriss auf die Hand floss, und hielt sie mir hin.

„Wer sind Sie denn?" frug ich ihn endlich. „Was tuts", gab er mir zur Antwort, „und sieht man es mir nicht an? Ein armer Teufel, gleichsam so eine Art von Gelehrten und Physikus[1], der von seinen Freunden für vortreffliche Künste schlechten Dank erntet, und für sich selber auf Erden keinen andern Spaß hat, als sein bisschen Experimentieren – aber unterschreiben Sie doch. Rechts, da unten: Peter Schlemihl."

Ich schüttelte mit dem Kopf und sagte: „Verzeihen Sie, mein Herr, das unterschreibe ich nicht." – „Nicht?" wiederholte er verwundert, „und warum nicht?" –

„Es scheint mir doch gewissermaßen bedenklich, meine Seele an meinen Schatten zu setzen." – – „So, so!" wiederholte er, „bedenklich", und er brach in ein lautes Gelächter gegen mich aus. „Und, wenn ich fragen darf, was ist denn das für ein Ding, Ihre Seele? haben Sie es je gesehen, und was denken Sie damit anzufangen, wenn Sie einst tot sind? Seien Sie doch froh, einen Liebhaber zu finden, der Ihnen bei Lebenszeit noch den Nachlass dieses X, dieser galvanischen Kraft[2] oder polarisierenden Wirksamkeit[3], und was alles das närrische Ding sein soll, mit etwas Wirklichem bezahlen will, nämlich mit Ihrem leibhaftigen Schatten, durch den Sie zu der Hand Ihrer Geliebten und zu der Erfüllung aller Ihrer Wünsche gelangen können. Wollen Sie lieber selbst das arme junge Blut dem niederträchtigen Schurken, dem Rascal, zustoßen[4] und ausliefern? – Nein, das müssen Sie doch mit eigenen Augen

---

[1] Arzt, Naturwissenschaftler
[2] elektrischen Kraft
[3] gegensätzlich wirkenden Substanz (wie die Elektrizität)
[4] zutreiben

ansehen; kommen Sie, ich leihe Ihnen die Tarnkappe hier", (er zog etwas aus der Tasche) „und wir wallfahrten[1] ungesehen nach dem Förstergarten." –

Ich muss gestehen, dass ich mich überaus schämte, von diesem
5 Manne ausgelacht zu werden. Er war mir von Herzensgrunde verhasst, und ich glaube, dass mich dieser persönliche Widerwille mehr als Grundsätze oder Vorurteile abhielt, meinen Schatten, so notwendig er mir auch war, mit der begehrten Unterschrift zu erkaufen. Auch war mir der Gedanke unerträglich, den Gang, den
10 er mir antrug, in seiner Gesellschaft zu unternehmen. Diesen hässlichen Schleicher, diesen hohnlächelnden Kobold, zwischen mich und meine Geliebte, zwei blutig zerrissene Herzen, spöttisch hintreten zu sehen, empörte mein innigstes Gefühl. Ich nahm, was geschehen war, als verhängt[2] an, mein Elend als unab-
15 wendbar, und mich zu dem Manne kehrend, sagte ich ihm:

„Mein Herr, ich habe Ihnen meinen Schatten für diesen an sich sehr vorzüglichen Säckel verkauft, und es hat mich genug gereut. Kann der Handel zurückgehen, in Gottes Namen!" Er schüttelte mit dem Kopf und zog ein sehr finsteres Gesicht. Ich fuhr fort: –
20 „So will ich Ihnen auch weiter nichts von meiner Habe verkaufen, sei es auch um den angebotenen Preis meines Schattens, und unterschreibe also nichts. Daraus lässt sich auch abnehmen[3], dass die Verkappung[4], zu der Sie mich einladen, ungleich belustigender für Sie als für mich ausfallen müsste; halten Sie mich also
25 für entschuldigt, und da es einmal nicht anders ist, – lasst uns scheiden!" –

„Es ist mir leid, Monsieur Schlemihl, dass Sie eigensinnig das Geschäft von der Hand weisen, das ich Ihnen freundschaftlich anbot. Indessen, vielleicht bin ich ein andermal glücklicher. Auf
30 baldiges Wiedersehen! – Apropos, erlauben Sie mir noch, Ihnen zu zeigen, dass ich die Sachen, die ich kaufe, keineswegs ver-

---

[1] pilgern (hier ironisch)
[2] vom Schicksal verhängt
[3] folgern
[4] Unsichtbarwerden durch Tarnkappe

schimmeln lasse, sondern in Ehren halte, und dass sie bei mir gut aufgehoben sind."

Er zog sogleich meinen Schatten aus seiner Tasche, und ihn mit einem geschickten Wurf auf der Heide entfaltend, breitete er ihn
5 auf der Sonnenseite zu seinen Füßen aus, so, dass er zwischen den beiden ihm aufwartenden[1] Schatten, dem meinen und dem seinen, daherging, denn meiner musste ihm gleichfalls gehorchen und nach allen seinen Bewegungen sich richten und bequemen.

10 Als ich nach so langer Zeit einmal meinen armen Schatten wiedersah, und ihn zu solchem schnöden Dienst herabgewürdigt fand, eben als ich um seinetwillen in so namenloser[2] Not war, da brach mir das Herz, und ich fing bitterlich zu weinen an. Der Verhasste stolzierte mit dem mir abgejagten Raub, und erneuerte
15 unverschämt seinen Antrag:

„Noch ist er für Sie zu haben, ein Federzug, und Sie retten damit die arme unglückliche Mina aus des Schuftes Klauen in des hochgeehrten Herrn Grafen Arme – wie gesagt, nur ein Federzug."

Meine Tränen brachen mit erneuter Kraft hervor, aber ich wandte
20 mich weg, und winkte ihm, sich zu entfernen.

Bendel, der voller Sorgen meine Spuren bis hieher verfolgt hatte, traf in diesem Augenblick ein. Als mich die treue, fromme Seele weinend fand, und meinen Schatten, denn er war nicht zu verkennen, in der Gewalt des wunderlichen grauen Unbekannten
25 sah, beschloss er gleich, sei es auch mit Gewalt, mich in den Besitz meines Eigentums wiederherzustellen[3], und da er selbst mit dem zarten Dinge nicht umzugehen verstand, griff er gleich den Mann mit Worten an, und ohne vieles Fragen, gebot er ihm stracks, mir das Meine unverzüglich verabfolgen zu lassen[4]. Die-
30 ser, statt aller Antwort, kehrte dem unschuldigen Burschen den Rücken und ging. Bendel aber erhob den Kreuzdornknüttel[5], den er trug, und, ihm auf den Fersen folgend, ließ er ihn schonungs-

---

[1] ihn bedienenden, ihm dienenden
[2] sehr großer
[3] mir mein Eigentum wiederzubeschaffen
[4] zurückzugeben
[5] Knüppel aus dem harten Holz des Kreuzdorns

los unter wiederholtem Befehl, den Schatten herzugeben, die volle Kraft seines nervichten[1] Armes fühlen. Jener, als sei er solcher Behandlung gewohnt, bückte den Kopf, wölbte die Schultern, und zog stillschweigend ruhigen Schrittes seinen Weg über die
5 Heide weiter, mir meinen Schatten zugleich und meinen treuen Diener entführend. Ich hörte lange noch den dumpfen Schall durch die Einöde dröhnen, bis er sich endlich in der Entfernung verlor. Einsam war ich wie vorher mit meinem Unglück.

VI

Allein zurückgeblieben auf der öden Heide, ließ ich unendlichen
10 Tränen freien Lauf, mein armes Herz von namenloser banger Last erleichternd. Aber ich sah meinem überschwänglichen Elend keine Grenzen, keinen Ausgang, kein Ziel, und ich sog besonders mit grimmigem Durst an dem neuen Gifte, das der Unbekannte in meine Wunden gegossen. Als ich Minas Bild vor meine Seele
15 rief, und die geliebte, süße Gestalt bleich und in Tränen mir erschien, wie ich sie zuletzt in meiner Schmach gesehen, da trat frech und höhnend Rascals Schemen[2] zwischen sie und mich, ich verhüllte mein Gesicht und floh durch die Einöde, aber die scheußliche Erscheinung gab mich nicht frei, sondern verfolgte
20 mich im Laufe, bis ich atemlos an den Boden sank, und die Erde mit erneuertem Tränenquell befeuchtete.
Und alles um einen Schatten! Und diesen Schatten hätte mir ein Federzug wieder erworben. Ich überdachte den befremdenden Antrag und meine Weigerung. Es war wüst in mir, ich hatte weder
25 Urteil noch Fassungsvermögen mehr.
Der Tag verging. Ich stillte meinen Hunger mit wilden Früchten, meinen Durst im nächsten Bergstrom; die Nacht brach ein, ich lagerte mich unter einem Baum. Der feuchte Morgen weckte mich aus einem schweren Schlaf, in dem ich mich selber wie im
30 Tode röcheln hörte. Bendel musste meine Spur verloren haben, und es freute mich, es zu denken. Ich wollte nicht unter die Men-

---

[1] muskulösen
[2] Trugbild, Schatten

schen zurückkehren, vor welchen ich schreckhaft floh, wie das scheue Wild des Gebirges. So verlebte ich drei bange Tage.

Ich befand mich am Morgen des vierten auf einer sandigen Ebene, welche die Sonne beschien, und saß auf Felsentrümmern in
5 ihrem Strahl, denn ich liebte jetzt, ihren lang entbehrten Anblick zu genießen. Ich nährte still mein Herz mit seiner Verzweiflung. Da schreckte mich ein leises Geräusch auf, ich warf, zur Flucht bereit, den Blick um mich her, ich sah niemand: Aber es kam auf dem sonnigen Sande an mir vorbeigeglitten ein Menschenschat-
10 ten, dem meinigen nicht unähnlich, welcher, allein daher wandelnd, von seinem Herrn abgekommen zu sein schien.

Da erwachte in mir ein mächtiger Trieb: Schatten, dacht ich, suchst du deinen Herrn? der will ich sein. Und ich sprang hinzu, mich seiner zu bemächtigen; ich dachte nämlich, dass, wenn es
15 mir glückte, in seine Spur zu treten, so, dass er mir an die Füße käme, er wohl daran hängen bleiben würde, und sich mit der Zeit an mich gewöhnen.

Der Schatten, auf meine Bewegung, nahm vor mir die Flucht, und ich musste auf den leichten Flüchtling eine angestrengte
20 Jagd beginnen, zu der mich allein der Gedanke, mich aus der furchtbaren Lage, in der ich war, zu retten, mit hinreichenden Kräften ausrüsten konnte. Er floh einem freilich noch entfernten Walde zu, in dessen Schatten ich ihn notwendig hätte verlieren müssen, – ich sahs, ein Schreck durchzuckte mir das Herz, fachte
25 meine Begierde an, beflügelte meinen Lauf – ich gewann[1] sichtbarlich auf den Schatten, ich kam ihm nach und nach näher, ich musste ihn erreichen. Nun hielt er plötzlich an und kehrte sich nach mir um. Wie der Löwe auf seine Beute, so schoss ich mit einem gewaltigen Sprunge hinzu, um ihn in Besitz zu nehmen
30 – und traf unerwartet und hart auf körperlichen Widerstand. Es wurden mir unsichtbar die unerhörtesten Rippenstöße erteilt, die wohl je ein Mensch gefühlt hat.

Die Wirkung des Schreckens war in mir, die Arme krampfhaft zuzuschlagen und fest zu drücken, was ungesehen vor mir stand. Ich stürzte in der schnellen Handlung vorwärtsgestreckt auf den

---

[1] holte auf

Boden; rückwärts aber unter mir ein Mensch, den ich umfasst hielt, und der jetzt erst sichtbar erschien.

Nun ward mir auch das ganze Ereignis sehr natürlich erklärbar. Der Mann musste das unsichtbare Vogelnest, welches den, der es hält, nicht aber seinen Schatten, unsichtbar macht, erst getragen und jetzt weggeworfen haben. Ich spähete mit dem Blick umher, entdeckte gar bald den Schatten des unsichtbaren Nestes selbst, sprang auf und hinzu, und verfehlte nicht den teuern[1] Raub. Ich hielt unsichtbar, schattenlos das Nest in Händen.

Der schnell sich aufrichtende Mann, sich sogleich nach seinem beglückten Bezwinger umsehend, erblickte auf der weiten sonnigen Ebene weder ihn, noch dessen Schatten, nach dem er besonders ängstlich umherlauschte. Denn dass ich an und für mich schattenlos war, hatte er vorher nicht Muße gehabt zu bemerken, und konnte es nicht vermuten. Als er sich überzeugt, dass jede Spur verschwunden, kehrte er in der höchsten Verzweiflung die Hand gegen sich selber und raufte sich das Haar aus. Mir aber gab der errungene Schatz die Möglichkeit und die Begierde zugleich, mich wieder unter die Menschen zu mischen. Es fehlte mir nicht an Vorwand gegen mich selber, meinen schnöden Raub zu beschönigen, oder vielmehr, ich bedurfte solches nicht, und jedem Gedanken der Art zu entweichen eilte ich hinweg, nach dem Unglücklichen nicht zurückschauend, dessen ängstliche Stimme ich mir noch lange nachschallen hörte. So wenigstens kamen mir damals alle Umstände dieses Ereignisses vor.

Ich brannte nach dem Förstergarten zu gehen, und durch mich selbst die Wahrheit dessen zu erkennen, was mir jener Verhasste verkündigt hatte; ich wusste aber nicht, wo ich war, ich bestieg, um mich in der Gegend umzuschauen, den nächsten Hügel, ich sah von seinem Gipfel das nahe Städtchen und den Förstergarten zu meinen Füßen liegen. – Heftig klopfte mir das Herz, und Tränen einer andern Art, als die ich bis dahin vergossen, traten mir in die Augen: Ich sollte sie wiedersehen. – Bange Sehnsucht beschleunigte meine Schritte auf dem richtigsten[2] Pfad hinab. Ich

---

[1] kostbaren
[2] kürzesten

kam ungesehen an einigen Bauern vorbei, die aus der Stadt kamen. Sie sprachen von mir, Rascaln und dem Förster; ich wollte nichts anhören, ich eilte vorüber.

Ich trat in den Garten, alle Schauer der Erwartung in der Brust –
5 mir schallte es wie ein Lachen entgegen, mich schauderte, ich warf einen schnellen Blick um mich her; ich konnte niemanden entdecken. Ich schritt weiter vor, mir wars, als vernähme ich neben mir ein Geräusch wie von Menschentritten; es war aber nichts zu sehen: Ich dachte mich von meinem Ohre getäuscht. Es
10 war noch früh, niemand in Graf Peters Laube, noch leer der Garten; ich durchschweifte die bekannten Gänge, ich drang bis nach dem Wohnhause vor. Dasselbe Geräusch verfolgte mich vernehmlicher. Ich setzte mich mit angstvollem Herzen auf eine Bank, die im sonnigen Raume der Haustür gegenüberstand. Es
15 ward mir, als hörte ich den ungesehenen Kobold sich hohnlachend neben mich setzen. Der Schlüssel ward in der Tür gedreht, sie ging auf, der Forstmeister trat heraus, mit Papieren in der Hand. Ich fühlte mir wie Nebel über den Kopf ziehn, ich sah mich um, und – Entsetzen! – der Mann im grauen Rock saß neben mir,
20 mit satanischem Lächeln auf mich blickend. – Er hatte mir seine Tarnkappe mit über den Kopf gezogen, zu seinen Füßen lagen sein und mein Schatten friedlich nebeneinander; er spielte nachlässig mit dem bekannten Pergament, das er in der Hand hielt, und, indem der Forstmeister mit den Papieren beschäftigt im
25 Schatten der Laube auf- und abging – beugte er sich vertraulich zu meinem Ohr und flüsterte mir die Worte:

„So hätten Sie denn doch meine Einladung angenommen, und da säßen wir einmal zwei Köpfe unter einer Kappe! – Schon recht! schon recht! Nun geben Sie mir aber auch mein Vogelnest zu-
30 rück, Sie brauchen es nicht mehr, und sind ein zu ehrlicher Mann, um es mir vorenthalten zu wollen – doch keinen Dank dafür, ich versichere Sie, dass ich es Ihnen von Herzen gern geliehen habe." – Er nahm es unweigerlich aus meiner Hand, steckte es in die Tasche und lachte mich abermals aus, und zwar so laut,
35 dass sich der Forstmeister nach dem Geräusch umsah. – Ich saß wie versteinert da.

„Sie müssen mir doch gestehen", fuhr er fort, „dass so eine Kappe viel bequemer ist. Sie deckt doch nicht nur ihren Mann, sondern auch seinen Schatten mit, und noch so viele andere, als er mitzunehmen Lust hat. Sehen Sie, heute führ ich wieder ihrer zwei." –
5 Er lachte wieder. „Merken Sie sichs, Schlemihl, was man anfangs mit Gutem nicht will, das muss man am Ende doch gezwungen. Ich dächte noch, Sie kauften mir das Ding ab, nähmen die Braut zurück (denn noch ist es Zeit), und wir ließen den Rascal am Galgen baumeln, das wird uns ein Leichtes, solange es am Stricke
10 nicht fehlt. – Hören Sie, ich gebe Ihnen noch meine Mütze in den Kauf."
Die Mutter trat heraus und das Gespräch begann. – „Was macht Mina?" – „Sie weint." – „Einfältiges Kind! es ist doch nicht zu ändern!" – „Freilich nicht; aber sie so früh einem andern zu geben
15 – – O Mann, du bist grausam gegen dein eigenes Kind." – „Nein, Mutter, das siehst du sehr falsch. Wenn sie, noch bevor sie ihre doch kindischen Tränen ausgeweint hat, sich als die Frau eines sehr reichen und geehrten Mannes findet, wird sie getröstet aus ihrem Schmerze wie aus einem Traum erwachen, und Gott und
20 uns danken, das wirst du sehen!" – „Gott gebe es!" – „Sie besitzt freilich jetzt sehr ansehnliche Güter; aber nach dem Aufsehen, das die unglückliche Geschichte mit dem Abenteurer gemacht hat, glaubst du, dass sich so bald eine andere, für sie so passende Partie, als der Herr Rascal, finden möchte? Weißt du, was für ein
25 Vermögen er besitzt, der Herr Rascal? Er hat für sechs Millionen Güter hier im Lande, frei von allen Schulden, bar bezahlt. Ich habe die Dokumente in Händen gehabt! Er wars, der mir überall das Beste vorweggenommen hat; und außerdem im Portefeuille[1] Papiere[2] auf Thomas John für circa viertehalb[3] Millionen." – „Er
30 muss sehr viel gestohlen haben." – „Was sind das wieder für Reden! Er hat weislich[4] gespart, wo verschwendet wurde." – „Ein

---

[1] Brieftasche
[2] Schuldscheine
[3] dreieinhalb
[4] wohlweislich

Mann, der die Livree[1] getragen hat." – „Dummes Zeug! er hat
doch einen untadlichen Schatten." – „Du hast recht, aber – –"
Der Mann im grauen Rock lachte und sah mich an. Die Türe ging
auf, und Mina trat heraus. Sie stützte sich auf den Arm einer
5 Kammerfrau, stille Tränen flossen auf ihren schönen blassen
Wangen. Sie setzte sich in einen Sessel, der für sie unter den Lin-
den bereitet war, und ihr Vater nahm einen Stuhl neben ihr. Er
fasste zärtlich ihre Hand, und redete sie, die heftiger zu weinen
anfing, mit zarten Worten an:
10 „Du bist mein gutes, liebes Kind, du wirst auch vernünftig sein,
wirst nicht deinen alten Vater betrüben wollen, der nur dein
Glück will; ich begreife es wohl, liebes Herz, dass es dich sehr
erschüttert hat, du bist wunderbar deinem Unglück entkommen!
Bevor wir den schändlichen Betrug entdeckt, hast du diesen Un-
15 würdigen sehr geliebt; siehe, Mina, ich weiß es, und mache dir
keine Vorwürfe darüber. Ich selber, liebes Kind, habe ihn auch
geliebt, solange ich ihn für einen großen Herrn angesehen habe.
Nun siehst du selber ein, wie anders alles geworden. Was! ein jeder Pudel hat ja seinen Schatten, und mein liebes einziges Kind
20 sollte einen Mann – – Nein, du denkst auch gar nicht mehr an
ihn. – Höre, Mina, nun wirbt ein Mann um dich, der die Sonne
nicht scheut, ein geehrter Mann, der freilich kein Fürst ist, aber
zehn Millionen, zehnmal mehr als du in Vermögen besitzt, ein
Mann, der mein liebes Kind glücklich machen wird. Erwidere mir
25 nichts, widersetze dich nicht, sei meine gute, gehorsame Tochter,
lass deinen liebenden Vater für dich sorgen, deine Tränen trocknen. Versprich mir, dem Herrn Rascal deine Hand zu geben. –
Sage, willst du mir dies versprechen?" –
Sie antwortete mit erstorbener Stimme: „Ich habe keinen Willen,
30 keinen Wunsch fürder[2] auf Erden. Geschehe mit mir, was mein
Vater will." Zugleich ward Herr Rascal angemeldet, und trat frech
in den Kreis. Mina lag in Ohnmacht. Mein verhasster Gefährte
blickte mich zornig an und flüsterte mir die schnellen Worte:
„Und das könnten Sie erdulden! Was fließt Ihnen denn statt des

---

[1] Bedienstetenuniform
[2] künftig

Blutes in den Adern?" Er ritzte mir mit einer raschen Bewegung
eine leichte Wunde in die Hand, es floss Blut, er fuhr fort: „Wahr-
haftig! rotes Blut! – So unterschreiben Sie!" Ich hatte das Pergament und die Feder in Händen.

VII

Ich werde mich Deinem Urteile bloß stellen[1], lieber Chamisso,
und es nicht zu bestechen suchen. Ich selbst habe lange strenges
Gericht an mir selber vollzogen, denn ich habe den quälenden
Wurm[2] in meinem Herzen genährt. Es schwebte immerwährend
dieser ernste Moment meines Lebens vor meiner Seele, und ich
vermocht es nur zweifelnden Blickes, mit Demut und Zerknir-
schung anzuschauen. – Lieber Freund, wer leichtsinnig nur den
Fuß aus der geraden Straße setzt, der wird unversehens in andere
Pfade abgeführt, die abwärts und immer abwärts ihn ziehen; er
sieht dann umsonst die Leitsterne am Himmel schimmern, ihm
bleibt keine Wahl, er muss unaufhaltsam den Abhang hinab, und
sich selbst der Nemesis[3] opfern. Nach dem übereilten Fehltritt,
der den Fluch auf mich geladen, hatt ich durch Liebe frevelnd in
eines andern Wesens Schicksal mich gedrängt; was blieb mir üb-
rig, als, wo ich Verderben gesät, wo schnelle Rettung von mir
geheischt ward[4], eben rettend blindlings hinzuzuspringen? denn
die letzte Stunde schlug. – Denke nicht so niedrig von mir, mein
Adelbert, als zu meinen, es hätte mich irgendein geforderter Preis
zu teuer gedünkt, ich hätte mit irgendetwas, was nur mein war,
mehr als eben mit Gold gekargt[5]. – Nein, Adelbert; aber mit un-
überwindlichem Hasse gegen diesen rätselhaften Schleicher auf
krummen Wegen war meine Seele angefüllt. Ich mochte ihm unrecht tun, doch empörte mich jede Gemeinschaft mit ihm. – Auch
hier trat, wie so oft schon in mein Leben, und wie überhaupt so oft

---

[1] ungeschützt stellen
[2] bildl. für schlechtes Gewissen
[3] griech. Göttin der ausgleichenden Gerechtigkeit
[4] wurde
[5] gegeizt

in die Weltgeschichte, ein Ereignis an die Stelle einer Tat. Später habe ich mich mit mir selber versöhnt. Ich habe erstlich die Notwendigkeit verehren lernen, und was ist mehr als die getane Tat, das geschehene Ereignis, ihr Eigentum! Dann hab ich auch diese Notwendigkeit als eine weise Fügung verehren lernen, die durch das gesamte große Getrieb weht, darin wir bloß als mitwirkende, getriebene treibende Räder eingreifen; was sein soll, muss geschehen, was sein sollte, geschah, und nicht ohne jene Fügung, die ich endlich noch in meinem Schicksale und dem Schicksale derer, die das meine mit angriff, verehren lernte.

Ich weiß nicht, ob ich es der Spannung meiner Seele, unter dem Drange so mächtiger Empfindungen, zuschreiben soll, ob der Erschöpfung meiner physischen Kräfte, die während der letzten Tage ungewohntes Darben[1] geschwächt, ob endlich dem zerstörenden Aufruhr, den die Nähe dieses grauen Unholdes in meiner ganzen Natur erregte; genug, es befiel mich, als es an das Unterschreiben ging, eine tiefe Ohnmacht, und ich lag eine lange Zeit wie in den Armen des Todes.

Fußstampfen und Fluchen waren die ersten Töne, die mein Ohr trafen, als ich zum Bewusstsein zurückkehrte; ich öffnete die Augen, es war dunkel, mein verhasster Begleiter war scheltend um mich bemüht. „Heißt das nicht wie ein altes Weib sich aufführen! – Man raffe sich auf und vollziehe frisch, was man beschlossen, oder hat man sich anders besonnen, und will lieber greinen[2]?" – Ich richtete mich mühsam auf von der Erde, wo ich lag, und schaute schweigend um mich. Es war später Abend, aus dem hellerleuchteten Försterhause erscholl festliche Musik, einzelne Gruppen von Menschen wallten[3] durch die Gänge des Gartens. Ein paar traten im Gespräche näher und nahmen Platz auf der Bank, worauf ich früher gesessen hatte. Sie unterhielten sich von der an diesem Morgen vollzogenen Verbindung des reichen Herrn Rascal mit der Tochter des Hauses. – Es war also geschehen. –

---

[1] Hungern
[2] weinen, jammern
[3] wandelten

Ich streifte mit der Hand die Tarnkappe des sogleich mir verschwindenden Unbekannten von meinem Haupte weg, und eilte stillschweigend, in die tiefste Nacht des Gebüsches mich versenkend, den Weg über Graf Peters Laube einschlagend, dem Aus
5 gange des Gartens zu. Unsichtbar aber geleitete mich mein Plagegeist, mich mit scharfen Worten verfolgend. „Das ist also der Dank für die Mühe, die man genommen hat, Monsieur, der schwache Nerven hat, den langen lieben Tag hindurch zu pflegen. Und man soll den Narren im Spiele abgeben. Gut, Herr Trotz
10 kopf, fliehn Sie nur vor mir, wir sind doch unzertrennlich. Sie haben mein Gold und ich Ihren Schatten; das lässt uns beiden keine Ruhe. – Hat man je gehört, dass ein Schatten von seinem Herrn gelassen hätte? Ihrer zieht mich Ihnen nach, bis Sie ihn wieder zu Gnaden annehmen und ich ihn los bin. Was Sie ver
15 säumt haben, aus frischer Lust zu tun, werden Sie, nur zu spät, aus Überdruss und Langeweile nachholen müssen; man entgeht seinem Schicksale nicht." Er sprach aus demselben Tone fort und fort; ich floh umsonst, er ließ nicht nach, und immer gegenwärtig, redete er höhnend von Gold und Schatten. Ich konnte zu kei
20 nem eigenen Gedanken kommen.

Ich hatte durch menschenleere Straßen einen Weg nach meinem Hause eingeschlagen. Als ich davorstand und es ansah, konnte ich es kaum erkennen; hinter den eingeschlagenen Fenstern brannte kein Licht. Die Türen waren zu, kein Dienervolk regte
25 sich mehr darin. Er lachte laut auf neben mir: „Ja, ja, so gehts! Aber Ihren Bendel finden Sie wohl daheim, den hat man jüngst vorsorglich so müde nach Hause geschickt, dass er es wohl seitdem gehütet haben wird." Er lachte wieder. „Der wird Geschichten zu erzählen haben! – Wohlan denn! für heute gute Nacht, auf
30 baldiges Wiedersehen!"

Ich hatte wiederholt geklingelt, es erschien Licht; Bendel frug von innen, wer geklingelt habe. Als der gute Mann meine Stimme erkannte, konnte er seine Freude kaum bändigen; die Tür flog auf, wir lagen weinend einander in den Armen. Ich fand ihn sehr
35 verändert, schwach und krank; mir war aber das Haar ganz grau geworden.

Er führte mich durch die verödeten Zimmer nach einem innern, verschont gebliebenen Gemach; er holte Speise und Trank herbei, wir setzten uns, er fing wieder an zu weinen. Er erzählte mir, dass er letzthin den grau gekleideten dürren Mann, den er mit mei-
5 nem Schatten angetroffen hatte, so lange und so weit geschlagen habe, bis er selbst meine Spur verloren und vor Müdigkeit hinge-sunken sei; dass nachher, wie er mich nicht wiederfinden ge-konnt, er nach Hause zurückgekehrt, wo bald darauf der Pöbel, auf Rascals Anstiften, herangestürmt, die Fenster eingeschlagen
10 und seine Zerstörungslust gebüßt[1]. So hatten sie an ihrem Wohl-täter gehandelt. Meine Dienerschaft war auseinander geflohen. Die örtliche Polizei hatte mich als verdächtig aus der Stadt verwie-sen, und mir eine Frist von vierundzwanzig Stunden festgesetzt, um deren Gebiet zu verlassen. Zu dem, was mir von Rascals
15 Reichtum und Vermählung bekannt war, wusste er noch vieles hinzuzufügen. Dieser Bösewicht, von dem alles ausgegangen, was hier gegen mich geschehen war, musste von Anbeginn mein Geheimnis besessen haben, es schien, er habe, vom Golde ange-zogen, sich an mich zu drängen gewusst, und schon in der ersten
20 Zeit einen Schlüssel zu jenem Goldschrank sich verschafft, wo er den Grund zu dem Vermögen gelegt, das noch zu vermehren er jetzt verschmähen konnte.
Das alles erzählte mir Bendel unter häufigen Tränen, und weinte dann wieder vor Freuden, dass er mich wiedersah, mich wieder-
25 hatte, und dass, nachdem er lang gezweifelt, wohin das Unglück mich gebracht haben möchte, er mich es ruhig und gefasst ertra-gen sah. Denn solche Gestaltung hatte nun die Verzweiflung in mir genommen. Ich sah mein Elend riesengroß, unwandelbar vor mir, ich hatte ihm meine Tränen ausgeweint, es konnte kein
30 Geschrei mehr aus meiner Brust pressen, ich trug ihm kalt und gleichgültig mein entblößtes Haupt[2] entgegen.
„Bendel“, hub ich an, „du weißt mein Los. Nicht ohne früheres Verschulden trifft mich schwere Strafe. Du sollst länger nicht, un-schuldiger Mann, dein Schicksal an das meine binden, ich will es

---

[1] gestillt
[2] offen, schutzlos

nicht. Ich reite die Nacht noch fort, sattle mir ein Pferd, ich reite allein; du bleibst, ich wills. Es müssen hier noch einige Kisten Goldes liegen, das behalte du. Ich werde allein unstät[1] in der Welt wandern; wann mir aber je eine heitere Stunde wieder lacht und
5 das Glück mich versöhnt anblickt, dann will ich deiner getreu gedenken, denn ich habe an deiner getreuen Brust in schweren, schmerzlichen Stunden geweint."
Mit gebrochenem Herzen musste der Redliche diesem letzten Befehle seines Herrn, worüber er in der Seele erschrak, gehorchen;
10 ich war seinen Bitten, seinen Vorstellungen taub, blind seinen Tränen; er führte mir das Pferd vor. Ich drückte noch einmal den Weinenden an meine Brust, schwang mich in den Sattel und entfernte mich unter dem Mantel der Nacht von dem Grabe meines Lebens, unbekümmert, welchen Weg mein Pferd mich führen
15 werde; denn ich hatte weiter auf Erden kein Ziel, keinen Wunsch, keine Hoffnung.

VIII

Es gesellte sich bald ein Fußgänger zu mir, welcher mich bat, nachdem er eine Weile neben meinem Pferde geschritten war, da wir doch denselben Weg hielten, einen Mantel, den er trug, hin-
20 ten auf mein Pferd legen zu dürfen; ich ließ es stillschweigend geschehen. Er dankte mir mit leichtem Anstand für den leichten Dienst, lobte mein Pferd, nahm daraus Gelegenheit, das Glück und die Macht der Reichen hochzupreisen, und ließ sich, ich weiß nicht wie, in eine Art von Selbstgespräch ein, bei dem er
25 mich bloß zum Zuhörer hatte.
Er entfaltete seine Ansichten von dem Leben und der Welt, und kam sehr bald auf die Metaphysik[2], an die die Forderung erging, das Wort aufzufinden, das aller Rätsel Lösung sei. Er setzte die

---

[1] unstet, ruhelos
[2] philosophische Lehre von den letzten Dingen des Seins, von dem, was hinter („meta") den natürlichen Erscheinungen („physis") liegt

Aufgabe mit vieler Klarheit auseinander und schritt fürder[1] zu
deren Beantwortung.

Du weißt, mein Freund, dass ich deutlich erkannt habe, seitdem
ich den Philosophen durch die Schule gelaufen, dass ich zur phi-
losophischen Spekulation[2] keineswegs berufen bin, und dass ich
mir dieses Feld völlig abgesprochen habe; ich habe seither vieles
auf sich beruhen lassen, vieles zu wissen und zu begreifen Verzicht geleistet, und bin, wie du es mir selber geraten, meinem
geraden Sinn vertrauend, der Stimme in mir, so viel es in meiner
Macht gewesen, auf dem eigenen Wege gefolgt. Nun schien mir
dieser Redekünstler mit großem Talent ein festgefügtes Gebäude
aufzuführen, das in sich selbst begründet sich emportrug, und
wie durch eine innere Notwendigkeit bestand. Nur vermisst ich
ganz in ihm, was ich eben darin hätte suchen wollen, und so ward
es mir zu einem bloßen Kunstwerk, dessen zierliche Geschlos-
senheit und Vollendung dem Auge allein zur Ergötzung diente;
aber ich hörte dem wohlberedten Manne gerne zu, der meine
Aufmerksamkeit von meinen Leiden auf sich selbst abgelenkt,
und ich hätte mich ihm willig ergeben, wenn er meine Seele wie
meinen Verstand in Anspruch genommen hätte.

Mittlerweile war die Zeit hingegangen, und unbemerkt hatte
schon die Morgendämmerung den Himmel erhellt; ich erschrak,
als ich mit einem Mal aufblickte und im Osten die Pracht der
Farben sich entfalten sah, die die nahe Sonne verkünden, und
gegen sie war in dieser Stunde, wo die Schlagschatten mit ihrer
ganzen Ausdehnung prunken, kein Schutz, kein Bollwerk in der
offenen Gegend zu ersehn! und ich war nicht allein! Ich warf einen Blick auf meinen Begleiter, und erschrak wieder. – Es war
kein anderer, als der Mann im grauen Rock.

Er lächelte über meine Bestürzung, und fuhr fort, ohne mich
zum Wort kommen zu lassen: „Lasst doch, wie es einmal in der
Welt Sitte ist, unsern wechselseitigen Vorteil uns auf eine Weile
verbinden, zu scheiden haben wir immer noch Zeit. Die Straße

---

[1] danach
[2] Gedankenführung, die von Annahmen, nicht von der erfahrbaren Wirklichkeit ausgeht

hier längs dem Gebirge, ob Sie gleich noch nicht daran gedacht haben, ist doch die einzige, die Sie vernünftiger Weise einschlagen können; hinab in das Tal dürfen Sie nicht, und über das Gebirg werden Sie noch weniger zurückkehren wollen, von wo Sie
5 hergekommen sind – diese ist auch gerade meine Straße. – Ich sehe Sie schon vor der aufgehenden Sonne erblassen. Ich will Ihnen Ihren Schatten auf die Zeit unserer Gesellschaft leihen, und Sie dulden mich dafür in Ihrer Nähe; Sie haben so Ihren Bendel nicht mehr bei sich; ich will Ihnen gute Dienste leisten.
10 Sie lieben mich nicht, das ist mir leid[1]. Sie können mich darum doch benutzen. Der Teufel ist nicht so schwarz, als man ihn malt. Gestern haben Sie mich geärgert, das ist wahr, heute will ichs Ihnen nicht nachtragen, und ich habe Ihnen schon den Weg bis hieher verkürzt, das müssen Sie selbst gestehen – Nehmen Sie
15 doch nur einmal Ihren Schatten auf Probe wieder an."
Die Sonne war aufgegangen, auf der Straße kamen uns Menschen entgegen; ich nahm, obgleich mit innerlichem Widerwillen, den Antrag an. Er ließ lächelnd meinen Schatten zur Erde gleiten, der alsbald seine Stelle auf des Pferdes Schatten einnahm
20 und lustig neben mir hertrabte. Mir war sehr seltsam zumut. Ich ritt an einem Trupp Landleute vorbei, die vor einem wohlhabenden Mann ehrerbietig mit entblößtem Haupte Platz machten. Ich ritt weiter, und blickte gierigen Auges und klopfenden Herzens seitwärts vom Pferde herab auf diesen sonst meinen Schatten,
25 den ich jetzt von einem Fremden, ja von einem Feinde, erborgt hatte.
Dieser ging unbekümmert nebenher, und pfiff eben ein Liedchen. Er zu Fuß, ich zu Pferd, ein Schwindel ergriff mich, die Versuchung war zu groß, ich wandte plötzlich die Zügel, drückte
30 beide Sporen an, und so in voller Carriere[2] einen Seitenweg eingeschlagen; aber ich entführte den Schatten nicht, der bei der Wendung vom Pferde glitt und seinen gesetzmäßigen Eigentümer auf der Landstraße erwartete. Ich musste beschämt umlenken; der Mann im grauen Rocke, als er ungestört sein Liedchen zu Ende

---

[1] das tut mir leid
[2] frz.: in schnellem Galopp

gebracht, lachte mich aus, setzte mir den Schatten wieder zurecht, und belehrte mich, er würde erst an mir festhangen und bei mir bleiben wollen, wenn ich ihn wiederum als rechtmäßiges Eigentum besitzen würde. „Ich halte Sie", fuhr er fort, „am Schatten
5 fest, und Sie kommen mir nicht los. Ein reicher Mann, wie Sie, braucht einmal einen Schatten, das ist nicht anders, Sie sind nur darin zu tadeln, dass Sie es nicht früher eingesehen haben." –
Ich setzte meine Reise auf derselben Straße fort; es fanden sich bei mir alle Bequemlichkeiten des Lebens und selbst ihre Pracht
10 wieder ein; ich konnte mich frei und leicht bewegen, da ich einen, obgleich nur erborgten, Schatten besaß, und ich flößte überall die Ehrfurcht ein, die der Reichtum gebietet; aber ich hatte den Tod im Herzen. Mein wundersamer Begleiter, der sich selbst für den unwürdigen Diener des reichsten Mannes in der Welt ausgab,
15 war von einer außerordentlichen Dienstfertigkeit, über die Maßen gewandt und geschickt, der wahre Inbegriff eines Kammerdieners für einen reichen Mann, aber er wich nicht von meiner Seite, und führte unaufhörlich das Wort gegen mich[1], stets die größte Zuversicht an den Tag legend, dass ich endlich, sei es auch
20 nur, um ihn loszuwerden, den Handel mit dem Schatten abschließen würde. – Er war mir ebenso lästig als verhasst. Ich konnte mich ordentlich vor ihm fürchten. Ich hatte mich von ihm abhängig gemacht. Er hielt mich, nachdem er mich in die Herrlichkeit der Welt, die ich floh, zurückgeführt hatte. Ich musste
25 seine Beredsamkeit über mich ergehen lassen, und fühlte schier[2], er habe recht. Ein Reicher muss in der Welt einen Schatten haben, und sobald ich den Stand behaupten wollte, den er mich wieder geltend zu machen verleitet hatte, war nur ein Ausgang zu ersehen. Dieses aber stand bei mir fest, nachdem ich meine Liebe
30 hingeopfert, nachdem mir das Leben verblasst war, wollt ich meine Seele nicht, sei es um alle Schatten der Welt, dieser Kreatur verschreiben. Ich wusste nicht, wie es enden sollte.
Wir saßen einst vor einer Höhle, welche die Fremden, die das Gebirg bereisen, zu besuchen pflegen. Man hört dort das Gebrau-

---

[1] sprach ständig auf mich ein
[2] deutlich, klar

se unterirdischer Ströme aus ungemessener Tiefe heraufschal-
len, und kein Grund scheint den Stein, den man hineinwirft, in
seinem hallenden Fall aufzuhalten. Er malte mir, wie er öfters tat,
mit verschwenderischer Einbildungskraft und im schimmernden
5 Reize der glänzendsten Farben, sorgfältig ausgeführte Bilder von
dem, was ich in der Welt, kraft meines Säckels, ausführen würde,
wenn ich erst meinen Schatten wieder in meiner Gewalt hätte.
Die Ellenbogen auf die Knie gestützt, hielt ich mein Gesicht in
meinen Händen verborgen und hörte dem Falschen zu, das Herz
10 zwiefach geteilt zwischen der Verführung und dem strengen Willen in mir. Ich konnte bei solchem innerlichen Zwiespalt länger
nicht ausdauern, und begann den entscheidenden Kampf:
„Sie scheinen, mein Herr, zu vergessen, dass ich Ihnen zwar erlaubt habe, unter gewissen Bedingungen in meiner Begleitung zu
15 bleiben, dass ich mir aber meine völlige Freiheit vorbehalten habe."
– „Wenn Sie befehlen, so pack ich ein." Die Drohung war ihm geläu-
fig. Ich schwieg; er setzte sich gleich daran, meinen Schatten wieder
zusammenzurollen. Ich erblasste, aber ich ließ es stumm geschehen. Es erfolgte ein langes Stillschweigen. Er nahm zuerst das Wort:
20 „Sie können mich nicht leiden, mein Herr, Sie hassen mich, ich
weiß es; doch warum hassen Sie mich? Ist es etwa, weil Sie mich
auf öffentlicher Straße angefallen, und mir mein Vogelnest mit
Gewalt zu rauben gemeint? oder ist es darum, dass Sie mein Gut,
den Schatten, den Sie Ihrer bloßen Ehrlichkeit anvertraut glaub-
25 ten, mir diebischer Weise zu entwenden gesucht haben? Ich mei-
nerseits hasse Sie darum nicht; ich finde ganz natürlich, dass Sie
alle Ihre Vorteile, List und Gewalt geltend zu machen suchen; dass
Sie übrigens die allerstrengsten Grundsätze haben und wie die
Ehrlichkeit selbst denken, ist eine Liebhaberei, wogegen ich auch
30 nichts habe. – Ich denke in der Tat nicht so streng als Sie; ich hand-
le bloß, wie Sie denken. Oder hab ich Ihnen etwa irgendwann den
Daumen auf die Gurgel gedrückt, um Ihre werteste Seele, zu der
ich einmal Lust habe, an mich zu bringen? Hab ich von wegen
meines ausgetauschten Säckels einen Diener auf Sie losgelassen?
35 hab ich Ihnen damit durchzugehen versucht?" Ich hatte dagegen
nichts zu erwidern; er fuhr fort: „Schon recht, mein Herr, schon
recht! Sie können mich nicht leiden; auch das begreife ich wohl,

und verarge es Ihnen weiter nicht. Wir müssen scheiden, das ist
klar, und auch Sie fangen an, mir sehr langweilig vorzukommen.
Um sich also meiner ferneren[1] beschämenden Gegenwart völlig
zu entziehen, rate ich es Ihnen noch einmal: Kaufen Sie mir das
Ding ab." – Ich hielt ihm den Säckel hin: „Um den Preis." – „Nein!"
– Ich seufzte schwer auf und nahm wieder das Wort: „Auch also.
Ich dringe darauf, mein Herr, lasst uns scheiden, vertreten Sie mir
länger nicht den Weg auf einer Welt, die hoffentlich geräumig genug ist für uns beide." Er lächelte und erwiderte: „Ich gehe, mein
Herr, zuvor aber will ich Sie unterrichten, wie Sie mir klingeln
können, wenn Sie je Verlangen nach Ihrem untertänigsten Knecht
tragen sollten: Sie brauchen nur Ihren Säckel zu schütteln, dass
die ewigen Goldstücke darinnen rasseln, der Ton zieht mich au-
genblicklich an. Ein jeder denkt auf seinen Vorteil in dieser Welt;
Sie sehen, dass ich auf Ihren zugleich bedacht bin, denn ich eröff-
ne Ihnen offenbar eine neue Kraft. – O dieser Säckel! – Und hätten
gleich die Motten Ihren Schatten schon aufgefressen, der würde
noch ein starkes Band zwischen uns sein. Genug, Sie haben mich
an meinem Gold, befehlen Sie auch in der Ferne über Ihren
Knecht, Sie wissen, dass ich mich meinen Freunden dienstfertig
genug erweisen kann, und dass die Reichen besonders gut mit mir
stehen; Sie haben es selbst gesehen. – Nur Ihren Schatten, mein
Herr – das lassen Sie sich gesagt sein – nie wieder, als unter einer
einzigen Bedingung."

Gestalten der alten Zeit traten vor meine Seele. Ich frug ihn
schnell: „Hatten Sie eine Unterschrift vom Herrn John?" – Er lächelte. – „Mit einem so guten Freund hab ich es keineswegs nötig
gehabt." – „Wo ist er? bei Gott, ich will es wissen!" Er steckte zö-
gernd die Hand in die Tasche, und daraus bei den Haaren hervor-
gezogen erschien Thomas Johns bleiche, entstellte Gestalt, und
die blauen Leichenlippen bewegten sich zu schweren Worten:
„Justo judicio Dei judicatus sum; Justo judicio Dei condemnatus
sum."[2] Ich entsetzte mich, und schnell den klingenden Säckel in

---

[1] weiteren
[2] lat.: Durch das gerechte Gericht Gottes bin ich gerichtet; durch das gerechte Gericht Gottes bin ich verdammt.

den Abgrund werfend, sprach ich zu ihm die letzten Worte: „So
beschwör ich dich im Namen Gottes, Entsetzlicher! hebe dich von
dannen und lasse dich nie wieder vor meinen Augen blicken!" Er
erhub sich finster und verschwand sogleich hinter den Felsen-
5 massen, die den wild bewachsenen Ort begrenzten.

IX

Ich saß da ohne Schatten und ohne Geld; aber ein schweres Ge-
wicht war von meiner Brust genommen, ich war heiter. Hätte ich
nicht auch meine Liebe verloren, oder hätt ich mich nur bei deren
Verlust vorwurfsfrei gefühlt, ich glaube, ich hätte glücklich sein
10 können – ich wusste aber nicht, was ich anfangen sollte. Ich
durchsuchte meine Taschen und fand noch einige Goldstücke darin; ich zählte sie und lachte. – Ich hatte meine Pferde unten im
Wirtshause, ich schämte mich, dahin zurückzukehren, ich musste wenigstens den Untergang der Sonne erwarten; sie stand noch
15 hoch am Himmel. Ich legte mich in den Schatten der nächsten
Bäume und schlief ruhig ein.
Anmutige Bilder verwoben sich mir im luftigen Tanze zu einem
gefälligen Traum. Mina, einen Blumenkranz in den Haaren,
schwebte an mir vorüber, und lächelte mich freundlich an. Auch
20 der ehrliche Bendel war mit Blumen bekränzt, und eilte mit
freundlichem Gruße vorüber. Viele sah ich noch, und wie mich
dünkt, auch Dich, Chamisso, im fernen Gewühl; ein helles Licht
schien, es hatte aber keiner einen Schatten, und was seltsamer ist,
es sah nicht übel aus, – Blumen und Lieder, Liebe und Freude,
25 unter Palmenhainen. – – Ich konnte die beweglichen, leicht ver-
wehten, lieblichen Gestalten weder festhalten noch deuten; aber
ich weiß, dass ich gerne solchen Traum träumte und mich vor
dem Erwachen in Acht nahm; ich wachte wirklich schon, und
hielt noch die Augen zu, um die weichenden Erscheinungen län-
30 ger vor meiner Seele zu behalten.
Ich öffnete endlich die Augen, die Sonne stand noch am Himmel,
aber im Osten; ich hatte die Nacht verschlafen. Ich nahm es für
ein Zeichen, dass ich nicht nach dem Wirtshause zurückkehren

sollte. Ich gab leicht, was ich dort noch besaß, verloren, und beschloss, eine Nebenstraße, die durch den waldbewachsenen Fuß des Gebirges führte, zu Fuß einzuschlagen, dem Schicksal es anheimstellend, was es mit mir vorhatte, zu erfüllen. Ich schaute
5 nicht hinter mich zurück, und dachte auch nicht daran, an Bendel, den ich reich zurückgelassen hatte, mich zu wenden, welches ich allerdings gekonnt hätte. Ich sah mich an auf den neuen Charakter[1], den ich in der Welt bekleiden sollte: mein Anzug war sehr bescheiden. Ich hatte eine alte schwarze Kurtka[2] an, die ich schon
10 in Berlin getragen, und die mir, ich weiß nicht wie, zu dieser Reise erst wieder in die Hand gekommen war. Ich hatte sonst eine Reisemütze auf dem Kopf und ein Paar alte Stiefeln an den Füßen. Ich erhob mich, schnitt mir an selbiger Stelle einen Knotenstock[3] zum Andenken, und trat sogleich meine Wanderung an.
15 Ich begegnete im Wald einem alten Bauer, der mich freundlich begrüßte, und mit dem ich mich in Gespräch einließ. Ich erkundigte mich, wie ein wissbegieriger Reisender, erst nach dem Wege, dann nach der Gegend und deren Bewohnern, den Erzeugnissen des Gebirges und derlei mehr. Er antwortete verständig und
20 redselig auf meine Fragen. Wir kamen an das Bette eines Bergstromes, der über einen weiten Strich des Waldes seine Verwüstung verbreitet hatte. Mich schauderte innerlich vor dem sonnenhellen Raum; ich ließ den Landmann vorangehen. Er hielt aber mitten im gefährlichen Orte still und wandte sich zu mir, um mir
25 die Geschichte dieser Verwüstung zu erzählen. Er bemerkte bald, was mir fehlte, und hielt mitten in seiner Rede ein: „Aber wie geht denn das zu, der Herr hat ja keinen Schatten!" – „Leider! leider!" erwiderte ich seufzend. „Es sind mir während einer bösen langen Krankheit, Haare, Nägel und Schatten ausgegangen. Seht, Vater,
30 in meinem Alter, die Haare, die ich wiedergekriegt habe, ganz weiß, die Nägel sehr kurz, und der Schatten, der will noch nicht wieder wachsen." – „Ei! ei!" versetzte der alte Mann kopfschüttelnd, „keinen Schatten, das ist bös! das war eine böse Krankheit,

---

[1] Rang
[2] s.S. 5, Anm. 6
[3] Stock mit Verdickungen

die der Herr gehabt hat." Aber er hub seine Erzählung nicht wieder an, und bei dem nächsten Querweg, der sich darbot, ging er, ohne ein Wort zu sagen, von mir ab. – Bittere Tränen zitterten aufs Neue auf meinen Wangen, und meine Heiterkeit war hin.

5 Ich setzte traurigen Herzens meinen Weg fort und suchte ferner keines Menschen Gesellschaft. Ich hielt mich im dunkelsten Walde, und musste manchmal, um über einen Strich[1], wo die Sonne schien, zu kommen, stundenlang darauf warten, dass mir keines Menschen Auge den Durchgang verbot. Am Abend suchte ich
10 Herberge in den Dörfern zu nehmen. Ich ging eigentlich nach einem Bergwerk im Gebirge, wo ich Arbeit unter der Erde zu finden gedachte; denn, davon abgesehen, dass meine jetzige Lage mir gebot, für meinen Lebensunterhalt selbst zu sorgen, hatte ich dieses wohl erkannt, dass mich allein angestrengte Arbeit gegen
15 meine zerstörenden Gedanken schützen könnte.

Ein paar regnichte[2] Tage förderten mich leicht auf dem Weg, aber auf Kosten meiner Stiefel, deren Sohlen für den Grafen Peter, und nicht für den Fußknecht berechnet worden. Ich ging schon auf den bloßen Füßen. Ich musste ein Paar neue Stiefel anschaffen.
20 Am nächsten Morgen besorgte ich dieses Geschäft mit vielem Ernst in einem Flecken[3], wo Kirmes war, und wo in einer Bude alte und neue Stiefel zu Kauf standen. Ich wählte und handelte lange. Ich musste auf ein Paar neue, die ich gern gehabt hätte, Verzicht leisten; mich schreckte die unbillige[4] Forderung. Ich begnügte
25 mich also mit alten, die noch gut und stark waren, und die mir der schöne blondlockige Knabe, der die Bude hielt, gegen gleich bare Bezahlung, freundlich lächelnd einhändigte, indem er mir Glück auf den Weg wünschte. Ich zog sie gleich an und ging zum nördlich gelegenen Tor aus dem Ort.
30 Ich war in meinen Gedanken sehr vertieft, und sah kaum, wo ich den Fuß hinsetzte, denn ich dachte an das Bergwerk, wo ich auf den Abend noch anzulangen hoffte, und wo ich nicht recht wuss-

---

[1] Strecke
[2] regnerische
[3] Ortschaft
[4] überzogene

te, wie ich mich ankündigen sollte. Ich war noch keine zweihundert Schritte gegangen, als ich bemerkte, dass ich aus dem Wege gekommen war; ich sah mich danach um, ich befand mich in einem wüsten[1], uralten Tannenwalde, woran die Axt nie gelegt worden zu sein schien. Ich drang noch einige Schritte vor, ich sah mich mitten unter öden Felsen, die nur mit Moos und Steinbrucharten[2] bewachsen waren, und zwischen welchen Schnee- und Eisfelder lagen. Die Luft war sehr kalt, ich sah mich um, der Wald war hinter mir verschwunden. Ich machte noch einige Schritte – um mich herrschte die Stille des Todes, unabsehbar dehnte sich das Eis, worauf ich stand, und worauf ein dichter Nebel schwer ruhte; die Sonne stand blutig am Rande des Horizontes. Die Kälte war unerträglich. Ich wusste nicht, wie mir geschehen war, der erstarrende Frost zwang mich, meine Schritte zu beschleunigen, ich vernahm nur das Gebrause ferner Gewässer, ein Schritt, und ich war am Eisufer eines Ozeans. Unzählbare Herden von Seehunden stürzten sich vor mir rauschend in die Flut. Ich folgte diesem Ufer, ich sah wieder nackte Felsen, Land, Birken- und Tannenwälder, ich lief noch ein paar Minuten gerade vor mir hin. Es war erstickend heiß, ich sah mich um, ich stand zwischen schön gebauten Reisfeldern unter Maulbeerbäumen. Ich setzte mich in deren Schatten, ich sah nach meiner Uhr, ich hatte vor nicht einer Viertelstunde den Marktflecken verlassen, – ich glaubte zu träumen, ich biss mich in die Zunge, um mich zu erwecken; aber ich wachte wirklich. – Ich schloss die Augen zu, um meine Gedanken zusammenzufassen. – Ich hörte vor mir seltsame Sylben[3] durch die Nase zählen; ich blickte auf: Zwei Chinesen, an der asiatischen Gesichtsbildung unverkennbar, wenn ich auch ihrer Kleidung keinen Glauben beimessen wollte, redeten mich mit landesüblichen Begrüßungen in ihrer Sprache an; ich stand auf und trat zwei Schritte zurück. Ich sah sie nicht mehr, die Landschaft war ganz verändert: Bäume, Wälder, statt

---

[1] wilden
[2] Druckfehler für Steinbrecharten, eine artenreiche Pflanzenfamilie, meist niedrige Stauden
[3] Silben

der Reisfelder. Ich betrachtete diese Bäume und die Kräuter, die
um mich blühten; die ich kannte, waren südöstlich asiatische Gewächse; ich wollte auf den einen Baum zugehen, ein Schritt – und
wiederum alles verändert. Ich trat nun an, wie ein Rekrut, der
5 geübt wird, und schritt langsam, gesetzt einher. Wunderbar ver-
änderliche Länder, Fluren, Auen, Gebirge, Steppen, Sandwüsten,
entrollen sich vor meinem staunenden Blick: Es war kein Zweifel,
ich hatte Siebenmeilenstiefel an den Füßen.

X

Ich fiel in stummer Andacht auf meine Knie und vergoss Tränen
10 des Dankes – denn klar stand plötzlich meine Zukunft vor meiner
Seele. Durch frühe Schuld von der menschlichen Gesellschaft
ausgeschlossen, ward ich zum Ersatz an die Natur, die ich stets
geliebt, gewiesen, die Erde mir zu einem reichen Garten gegeben,
das Studium zur Richtung und Kraft meines Lebens, zu ihrem
15 Ziel die Wissenschaft. Es war nicht ein Entschluss, den ich fasste.
Ich habe nur seitdem, was da hell und vollendet im Urbild vor
mein inneres Auge trat, getreu mit stillem, strengen, unausge-
setzten Fleiß darzustellen gesucht, und meine Selbstzufriedenheit hat von dem Zusammenfallen des Dargestellten mit dem
20 Urbild abgehangen.
Ich raffte mich auf, um ohne Zögern mit flüchtigem Überblick
Besitz von dem Felde zu nehmen, wo ich künftig ernten wollte. –
Ich stand auf den Höhen des Tibet, und die Sonne, die mir vor
wenigen Stunden aufgegangen war, neigte sich hier schon am
25 Abendhimmel, ich durchwanderte Asien von Osten gegen Westen, sie in ihrem Lauf einholend, und trat in Afrika ein. Ich sah
mich neugierig darin um, indem ich es wiederholt in allen Rich-
tungen durchmaß. Wie ich durch Ägypten die alten Pyramiden
und Tempel angaffte, erblickte ich in der Wüste, unfern des hun-
30 derttorigen Theben[1], die Höhlen, wo christliche Einsiedler sonst
wohnten. Es stand plötzlich fest und klar in mir, hier ist dein

---

[1] Hauptstadt Oberägyptens

Haus. – Ich erkor eine der verborgensten, die zugleich geräumig, bequem und den Schakalen unzugänglich war, zu meinem künftigen Aufenthalte, und setzte meinen Stab weiter.

Ich trat bei den Herkules-Säulen[1] nach Europa über, und nachdem
5 ich seine südlichen und nördlichen Provinzen in Augenschein genommen, trat ich von Nordasien über den Polargletscher nach Grönland und Amerika über, durchschweifte die beiden Teile dieses Kontinents, und der Winter, der schon im Süden herrschte, trieb mich schnell vom Kap Horn nordwärts zurück.

10 Ich verweilte mich, bis es im östlichen Asien Tag wurde, und setzte erst nach einiger Ruh meine Wanderung fort. Ich verfolgte durch beide Amerika die Bergkette, die die höchsten bekannten Unebenheiten unserer Kugel in sich fasst. Ich schritt langsam und vorsichtig von Gipfel zu Gipfel, bald über flammende Vulka-
15 ne, bald über beschneite Kuppeln, oft mit Mühe atmend, ich erreichte den Eliasberg[2], und sprang über die Beringstraße nach Asien. – Ich verfolgte dessen westliche Küsten in ihren vielfachen Wendungen, und untersuchte mit besonderer Aufmerksamkeit, welche der dort gelegenen Inseln mir zugänglich wären. Von der
20 Halbinsel Malakka[3] trugen mich meine Stiefel auf Sumatra, Java, Bali und Lamboc, ich versuchte, selbst oft mit Gefahr, und dennoch immer vergebens, mir über die kleinern Inseln und Felsen, wovon dieses Meer starrt, einen Übergang nordwestlich nach Borneo und andern Inseln dieses Archipelagus[4] zu bahnen. Ich
25 musste die Hoffnung aufgeben. Ich setzte mich endlich auf die äußerste Spitze von Lamboc nieder, und das Gesicht gegen Süden und Osten gewendet, weint ich wie am fest verschlossenen Gitter meines Kerkers, dass ich doch so bald meine Begrenzung gefunden. Das merkwürdige, zum Verständnis der Erde und ihres son-
30 nengewirkten Kleides, der Pflanzen- und Tierwelt, so wesentlich notwendige Neuholland[5] und die Südsee mit ihren Zoophyten-

---

1 antike Bezeichnung für die Felsen von Gibraltar
2 Eliasgebirge zwischen Alaska und Kanada
3 Malaysia
4 Inselwelt im Ägäischen Meer zwischen Griechenland und der Türkei
5 Australien

Inseln[1] waren mir untersagt, und so war, im Ursprunge schon, alles, was ich sammeln und erbauen sollte, bloßes Fragment zu bleiben verdammt. – O mein Adelbert, was ist es doch um die Bemühungen der Menschen!

Oft habe ich im strengsten Winter der südlichen Halbkugel vom Kap Horn aus jene zweihundert Schritte, die mich etwa vom Land van Diemen[2] und Neuholland trennten, selbst unbekümmert um die Rückkehr, und sollte sich dieses schlechte Land über mich, wie der Deckel meines Sarges, schließen, über den Polarglätscher westwärts zurückzulegen versucht, habe über Treibeis mit törichter Wagnis verzweiflungsvolle Schritte getan, der Kälte und dem Meere Trotz geboten. Umsonst, noch bin ich auf Neuholland nicht gewesen – ich kam dann jedesmal auf Lamboc zurück und setzte mich auf seine äußerste Spitze nieder, und weinte wieder, das Gesicht gen Süden und Osten gewendet, wie am fest verschlossenen Gitter meines Kerkers.

Ich riss mich endlich von dieser Stelle, und trat mit traurigem Herzen wieder in das innere Asien, ich durchschweifte es fürder, die Morgendämmerung nach Westen verfolgend, und kam noch in der Nacht in die Thebais zu meinem vorbestimmten Hause, das ich in den gestrigen Nachmittagsstunden berührt hatte.

Sobald ich etwas ausgeruht und es Tag über Europa war, ließ ich meine erste Sorge sein, alles anzuschaffen, was ich bedurfte. – Zuvörderst Hemmschuhe, denn ich hatte erfahren, wie unbequem es sei, seinen Schritt nicht anders verkürzen zu können, um nahe Gegenstände gemächlich zu untersuchen, als indem man die Stiefel auszieht. Ein Paar Pantoffeln, übergezogen, hatten völlig die Wirkung, die ich mir davon versprach, und späterhin trug ich sogar deren immer zwei Paar bei mir, weil ich öfters welche von den Füßen warf, ohne Zeit zu haben, sie aufzuheben, wenn Löwen, Menschen oder Hyänen mich beim Botanisieren aufschreckten. Meine sehr gute Uhr war auf die kurze Dauer meiner Gänge ein vortreffliches Kronometer[3]. Ich brauchte noch au-

---

[1] Südsee-Inseln
[2] Tasmanien
[3] Zeitmesser

ßerdem einen Sextanten[1], einige physikalische Instrumente und Bücher.

Ich machte, dieses alles herbeizuschaffen, etliche bange Gänge nach London und Paris, die ein mir günstiger Nebel eben beschattete. Als der Rest meines Zaubergoldes erschöpft war, bracht ich leicht zu findendes afrikanisches Elfenbein als Bezahlung herbei, wobei ich freilich die kleinsten Zähne, die meine Kräfte nicht überstiegen, auswählen musste. Ich ward bald mit allem versehen und ausgerüstet, und ich fing sogleich als privatisierender Gelehrter[2] meine neue Lebensweise an.

Ich streifte auf der Erde umher, bald ihre Höhen, bald die Temperatur ihrer Quellen und die der Luft messend, bald Tiere beobachtend, bald Gewächse untersuchend; ich eilte von dem Äquator nach dem Pole, von der einen Welt nach der andern; Erfahrungen mit Erfahrungen vergleichend. Die Eier der afrikanischen Strauße oder der nördlichen Seevögel und Früchte, besonders der Tropen-Palmen und Bananen, waren meine gewöhnlichste Nahrung. Für mangelndes Glück hatt ich als Surrogat die Nicotiana[3], und für menschliche Teilnahme und Bande der Liebe eines treuen Pudels, der mir meine Höhle in der Thebais bewachte, und wenn ich mit neuen Schätzen beladen zu ihm zurückkehrte, freudig an mich sprang, und es mich doch menschlich empfinden ließ, dass ich nicht allein auf der Erde sei. Noch sollte mich ein Abenteuer unter die Menschen zurückführen.

XI

Als ich einst auf Nordlands Küsten, meine Stiefel gehemmt, Flechten und Algen sammelte, trat mir unversehens um die Ecke eines Felsens ein Eisbär entgegen. Ich wollte, nach weggeworfenen Pantoffeln, auf eine gegenüberliegende Insel treten, zu der mir ein dazwischen aus den Wellen hervorragender nackter Felsen den Übergang bahnte. Ich trat mit dem einen Fuß auf den

---

[1] Winkelmessgerät zur Ortsbestimmung, v.a. auf See
[2] Privatgelehrter (ohne Anstellung)
[3] als Ersatz den Tabak

Felsen fest auf, und stürzte auf der andern Seite in das Meer, weil mir unbemerkt der Pantoffel am anderen Fuß haften geblieben war.

Die große Kälte ergriff mich, ich rettete mit Mühe mein Leben aus dieser Gefahr; sobald ich Land hielt[1], lief ich, so schnell ich konnte, nach der Libyschen Wüste, um mich da an der Sonne zu trocknen. Wie ich ihr aber ausgesetzt war, brannte sie mir so heiß auf den Kopf, dass ich sehr krank wieder nach Norden taumelte. Ich suchte durch heftige Bewegung mir Erleichterung zu verschaffen, und lief mit unsichern raschen Schritten von Westen nach Osten und von Osten nach Westen. Ich befand mich bald in dem Tag und bald in der Nacht; bald im Sommer und bald in der Winterkälte.

Ich weiß nicht, wie lange ich mich so auf der Erde herumtaumelte. Ein brennendes Fieber glühte durch meine Adern, ich fühlte mit großer Angst die Besinnung mich verlassen. Noch wollte das Unglück, dass ich bei so unvorsichtigem Laufen jemanden auf den Fuß trat. Ich mochte ihm wehgetan haben; ich erhielt einen starken Stoß und ich fiel hin. –

Als ich zuerst zum Bewusstsein zurückkehrte, lag ich gemächlich in einem guten Bette, das unter vielen andern Betten in einem geräumigen und schönen Saale stand. Es saß mir jemand zu Häupten[2]; es gingen Menschen durch den Saal von einem Bette zum andern. Sie kamen vor das meine und unterhielten sich von mir. Sie nannten mich aber *Numero Zwölf*, und an der Wand zu meinen Füßen stand doch ganz gewiss, es war keine Täuschung, ich konnte es deutlich lesen, auf schwarzer Marmortafel mit großen goldenen Buchstaben mein Name

PETER SCHLEMIHL

ganz richtig geschrieben. Auf der Tafel standen noch unter meinem Namen zwei Reihen Buchstaben, ich war aber zu schwach, um sie zusammenzubringen, ich machte die Augen wieder zu. –

---

[1]   Land erreichte
[2]   am Kopfende

Ich hörte etwas, worin von Peter Schlemihl die Rede war, laut und vernehmlich ablesen, ich konnte aber den Sinn nicht fassen; ich sah einen freundlichen Mann und eine sehr schöne Frau in schwarzer Kleidung vor meinem Bette erscheinen. Die Gestalten
5 waren mir nicht fremd und ich konnte sie nicht erkennen.

Es verging einige Zeit, und ich kam wieder zu Kräften. Ich hieß *Numero Zwölf*, und *Numero Zwölf* galt seines langen Bartes wegen für einen Juden, darum er aber nicht minder sorgfältig gepflegt wurde. Dass er keinen Schatten hatte, schien unbemerkt geblie-
10 ben zu sein. Meine Stiefel befanden sich, wie man mich versicherte, nebst allem, was man bei mir gefunden, als ich hieher gebracht worden, in gutem und sicherm Gewahrsam, um mir nach meiner Genesung wieder zugestellt zu werden. Der Ort, worin ich krank lag, hieß das SCHLEMIHLIUM; was täglich von
15 Peter Schlemihl abgelesen wurde, war eine Ermahnung, für denselben, als den Urheber und Wohltäter dieser Stiftung, zu beten. Der freundliche Mann, den ich an meinem Bette gesehen hatte, war Bendel, die schöne Frau war Mina.

Ich genas unerkannt im Schlemihlio, und erfuhr noch mehr, ich
20 war in Bendels Vaterstadt, wo er aus dem Überrest meines sonst nicht gesegneten Goldes dieses Hospitium[1], wo Unglückliche mich segneten, unter meinem Namen gestiftet hatte, und er führte über dasselbe die Aufsicht. Mina war Witwe, ein unglücklicher Kriminal-Prozess hatte dem Herrn Rascal das Leben und ihr
25 selbst ihr mehrstes[2] Vermögen gekostet. Ihre Eltern waren nicht mehr. Sie lebte hier als eine gottesfürchtige Witwe, und übte Werke der Barmherzigkeit.

Sie unterhielt sich einst am Bette Numero Zwölf mit dem Herrn Bendel: „Warum, edle Frau, wollen Sie sich so oft der bösen[3] Luft,
30 die hier herrscht, aussetzen? Sollte denn das Schicksal mit Ihnen so hart sein, dass Sie zu sterben begehrten?" – „Nein, Herr Bendel, seit ich meinen langen Traum ausgeträumt habe, und in mir selber erwacht bin, geht es mir wohl, seitdem wünsche ich nicht

---

[1] Herberge und Krankenhaus
[2] meistes
[3] schlechten

mehr und fürchte nicht mehr den Tod. Seitdem denke ich heiter
an Vergangenheit und Zukunft. Ist es nicht auch mit stillem innerlichen Glück, dass Sie jetzt auf so gottselige Weise Ihrem
Herrn und Freunde dienen?" – „Sei Gott gedankt, ja, edle Frau. Es
5 ist uns doch wundersam ergangen, wir haben viel Wohl und bit-
teres Weh unbedachtsam aus dem vollen Becher geschlürft. Nun
ist er leer; nun möchte einer meinen, das sei alles nur die Probe
gewesen, und, mit kluger Einsicht gerüstet, den wirklichen Anfang erwarten. Ein anderer ist nun der wirkliche Anfang, und
10 man wünscht das erste Gaukelspiel nicht zurück, und ist dennoch im Ganzen froh, es, wie es war, gelebt zu haben. Auch find
ich in mir das Zutrauen, dass es nun unserm alten Freunde besser ergehen muss, als damals." – „Auch in mir", erwiderte die
schöne Witwe, und sie gingen an mir vorüber.
15 Dieses Gespräch hatte einen tiefen Eindruck in mir zurückgelassen; aber ich zweifelte im Geiste, ob ich mich zu erkennen geben
oder unerkannt von dannen gehen sollte. – Ich entschied mich.
Ich ließ mir Papier und Bleistift geben, und schrieb die Worte:
„Auch Eurem alten Freunde ergeht es nun besser als damals, und
20 büßet er, so ist es Buße der Versöhnung."
Hierauf begehrte ich mich anzuziehen, da ich mich stärker befän-
de. Man holte den Schlüssel zu dem kleinen Schrank, der neben
meinem Bette stand, herbei. Ich fand alles, was mir gehörte, darin. Ich legte meine Kleider an, hing meine botanische Kapsel,
25 worin ich mit Freuden meine nordischen Flechten wiederfand,
über meine schwarze Kurtka um, zog meine Stiefel an, legte den
geschriebenen Zettel auf mein Bett, und so wie die Tür aufging,
war ich schon weit auf dem Wege nach der Thebais.
Wie ich längs der syrischen Küste den Weg, auf dem ich mich
30 zum letzten Mal vom Hause entfernt hatte, zurücklegte, sah ich
mir meinen armen Figaro entgegenkommen. Dieser vortreffliche
Pudel schien seinem Herrn, den er lange zu Hause erwartet haben mochte, auf der Spur nachgehen zu wollen. Ich stand still
und rief ihm zu. Er sprang bellend an mich mit tausend rühren-
35 den Äußerungen seiner unschuldigen ausgelassenen Freude. Ich
nahm ihn unter den Arm, denn freilich konnte er mir nicht folgen, und brachte ihn mit mir wieder nach Hause.

Ich fand dort alles in der alten Ordnung, und kehrte nach und nach, so wie ich wieder Kräfte bekam, zu meinen vormaligen Beschäftigungen und zu meiner alten Lebensweise zurück. Nur dass ich mich ein ganzes Jahr hindurch der mir ganz unzuträgli-
5 chen Polar-Kälte enthielt.

Und so, mein lieber Chamisso, leb ich noch heute. Meine Stiefel nutzen sich nicht ab, wie das sehr gelehrte Werk des berühmten Tieckius, ‚De rebus gestis Pollicilli‘[1], es mich anfangs befürchten lassen. Ihre Kraft bleibt ungebrochen; nur meine Kraft geht da-
10 hin, doch hab ich den Trost, sie an einen Zweck in fortgesetzter Richtung und nicht fruchtlos verwendet zu haben. Ich habe, so weit meine Stiefel gereicht, die Erde, ihre Gestaltung, ihre Höhen, ihre Temperatur, ihre Atmosphäre in ihrem Wechsel, die Erscheinungen ihrer magnetischen Kraft, das Leben auf ihr, beson-
15 ders im Pflanzenreiche, gründlicher kennengelernt, als vor mir irgendein Mensch. Ich habe die Tatsachen mit möglichster Genauigkeit in klarer Ordnung aufgestellt in mehrern Werken, meine Folgerungen und Ansichten flüchtig in einigen Abhandlungen niedergelegt. – Ich habe die Geografie vom Innern von Afrika und
20 von den nördlichen Polarländern, vom Innern von Asien und von seinen östlichen Küsten, festgesetzt. Meine ‚Historia stirpium plantarum utriusque orbis‘[2] steht da als ein großes Fragment der Flora universalis terrae[3], und als ein Glied meines Systema naturae[4]. Ich glaube darin nicht bloß die Zahl der bekannten Arten
25 müßig[5] um mehr als ein Drittel vermehrt zu haben, sondern auch etwas für das natürliche System und für die Geographie der Pflanzen getan zu haben. Ich arbeite jetzt fleißig an meiner Fauna[6]. Ich werde Sorge tragen, dass vor meinem Tode meine Manuskripte bei der Berliner Universität niedergelegt werden.

---

[1] Ludwig Tiecks Märchen „Der Däumling", in dem die Siebenmeilenstiefel, wenn sie geflickt und repariert werden, einen Teil ihrer Kraft verlieren
[2] Entwicklungsgeschichte der Pflanzen beider Erdteile
[3] Pflanzenkunde der gesamten Erde
[4] System der Natur
[5] in meiner freien Zeit
[6] Darstellung der Tierwelt

Und Dich, mein lieber Chamisso, hab ich zum Bewahrer meiner
wundersamen Geschichte erkoren, auf dass sie vielleicht, wenn
ich von der Erde verschwunden bin, manchen ihrer Bewohner
zur nützlichen Lehre gereichen könne. Du aber, mein Freund,
5 willst Du unter den Menschen leben, so lerne verehren zuvörderst den Schatten, sodann das Geld. Willst Du nur Dir und Deinem bessern Selbst leben, o so brauchst Du keinen Rat.

Explicit[1].

An Adelbert von Chamisso

10 Trifft Frank[2] und Deutscher jetzt zusammen,
   und jeder edlen Muts entbrannt,
   So fährt ans tapfre Schwert die Hand,
Und Kampf entsprüht in wilden Flammen.

15 Wir treffen uns auf höherm Feld,
   Wir zwei verklärt in reinerm Feuer.
   Heil Dir, mein Frommer, mein Getreuer,
Und dem, was uns verbunden hält!

1813.   Fouqué[3].

---

[1] Ende
[2] Franzose
[3] s. S. 82

Anhang

1. Zur Biografie Adelbert von Chamissos

Ludwig Choris: Chamisso (ungefähr 1816, während der Weltreise entstanden)

Adelbert von Chamisso

* 30.1.1781 in Schloss Boncourt (Champagne)
† 21.8.1838 in Berlin

Das Schloss Boncourt – so heißt eines der bekanntesten Gedichte
Adelbert von Chamissos, mit dem er sich in späteren Jahren in die
5 Welt der Kindheit zurückträumt. Auf Schloss Boncourt in der französischen Landschaft der Champagne wurde er als Sohn einer an-
gesehenen Adelsfamilie geboren. Er war noch ein Kind, als sein
Leben eine entscheidende Wendung nahm. Beim Ausbruch der
Französischen Revolution verließ die Familie Chamisso wie viele
10 andere französische Adelsfamilien, die um ihr Leben fürchteten,
die alte Heimat und suchte auf deutschem Boden Zuflucht (1790).
Nach Jahren der Ungewissheit fanden die Chamissos in Berlin eine
Bleibe. Der junge Adelbert trat als Page in den Dienst der Königin
Luise von Preußen, lernte die deutsche Sprache und wurde schließ-
15 lich Offizier. Obwohl er nach einigen Jahren wieder nach Frankreich
hätte zurückkehren können, entschloss er sich, in Preußen zu bleiben. Frankreich sah er nur noch bei gelegentlichen Reisen.
Doch das Bewusstsein, zwei Vaterländer, aber keine Heimat zu besitzen, brachte ihn vor allem im deutsch-französischen Krieg
20 (1813–1815) in starken inneren Zwiespalt. Beide Kulturen konnte er
auch in seiner Sprache nicht verleugnen. Trotz eines makellosen
Schriftdeutschs bewahrte er beim Sprechen den französischen Akzent.
Dieser Zwiespalt durchzieht auch sein durch viele Übersetzungen
25 bekannt gewordenes Werk *Peter Schlemihls wundersame Geschichte*
(1814). Chamisso erzählt hier von einem Mann, der für einen uner-
schöpflichen Beutel voll Gold seinen Schatten an den Teufel verkauft und dadurch unglücklich wird, denn die Menschen misstrau-
en ihm jetzt und meiden ihn. Am Ende wirft der Mann den Beutel
30 weg und erwirbt durch Zufall die aus dem Märchen bekannten
Siebenmeilenstiefel. Fortan reist er als Naturforscher im Flug um
die Welt.
Letzteres war auch Chamissos eigener Traum, der durch die Teilnahme an der ersten durchgeführten Weltumsegelung (1815–1818)

Die Route der Rurik 1815–1818

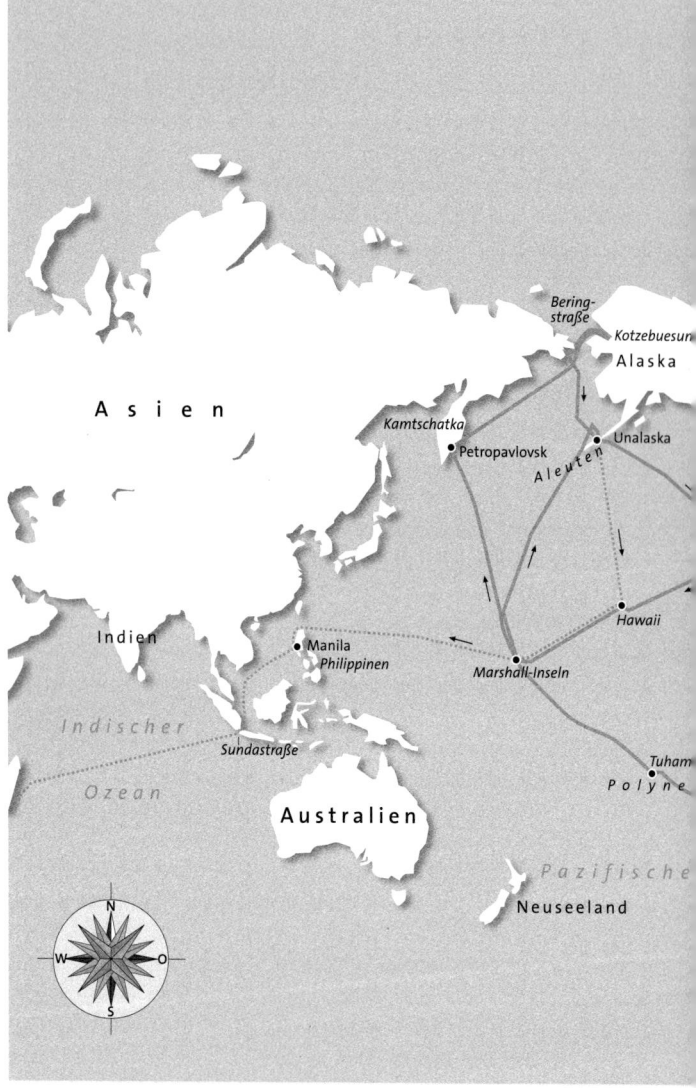

an Bord eines dänisch-russischen Forschungsschiffs in Erfüllung
ging. Er fuhr über die großen Weltmeere, lernte die Inseln der Südsee kennen und ebenso die Küsten Amerikas, Asiens und Afrikas.
In seinen *Bemerkungen und Ansichten auf einer Entdeckungsreise*
5 (1821), einer Art Tagebuch, berichtete er darüber. Nach seiner
Rückkehr arbeitete er als angesehener Naturwissenschaftler in
Berlin; berühmter wurde er aber durch seine erzählenden Gedichte, darunter *Die alte Waschfrau* und das bekannte *Riesenspielzeug*.

Aus: Heinrich Pleticha (Hrsg.): dtv junior Lexikon Literatur. München 1998, S. 129

10

E.T.A. Hoffmann: Federzeichnung („Schlemihl reist zum Nordpol und
wird von demselben freundlich empfangen")

2. Netzwerke und Freunde

Um 1800 gab es vielfältige literarische Netzwerke, Salons, Dichterbün-
de, Arbeitsgemeinschaften. Berühmt geworden sind beispielsweise die
dichterischen Kooperationen von Goethe und Schiller („Balladenjahr"
1797), von Brentano und von Arnim („Des Knaben Wunderhorn"), der
5 *Gebrüder Grimm („Märchen") und die Berliner literarischen Salons*
von Rahel Levin (später Varnhagen) und Henriette Herz. Literarische
Salons waren regelmäßige private Treffen, bei denen sich die Gäste
über Literatur, Kunst, Musik, Politik austauschten.
Chamisso war in Berlin vielfältig vernetzt. So war er gut befreundet mit
10 *dem späteren Mann von Rahel Levin, Karl August Varnhagen von En-*
se, und häufig zu Gast in den literarischen Salons seiner Zeit.
Diese Vernetzung spiegelt sich auch in „Peter Schlemihl", wenn im
Vorspann ein Briefwechsel zwischen Eduard Hitzig, Friedrich de la
Motte Fouqué und Chamisso wiedergegeben wird.

Julius Eduard Hitzig (1780 – 1849)

Jurist und Verleger. Hit-
zig, der ursprünglich
Isaak Elias Itzig hieß,
stammt aus der Schicht
5 der wohlhabenden Ber
liner Juden. Seinem
Großvater, dem Hofban-
kier Daniel Itzig, waren
vom König die vollen
10 Bürgerrechte verliehen
worden, Mitglieder der
Familie Itzig mussten so
nicht zum Christentum übertreten, um voll rechtsfähig zu sein.
Trotzdem lässt sich Hitzig 1799 taufen, er legt sich außerdem einen
15 nicht jüdisch klingenden Namen zu.
Hitzig ist seit ungefähr 1800 mit Chamisso befreundet. Gemeinsam mit anderen Freunden, u. a. Friedrich de la Motte Fouqué, dis-
kutieren sie über neueste Literatur, gründen die literarische Verbin-

dung „Nordsternbund" und geben einige Ausgaben einer Literaturzeitschrift („Muselalmanach") heraus.

Hitzig wird später Jurist am Berliner Kammergericht und gründet
einen eigenen Verlag. Er bleibt eng mit Chamisso befreundet (der
5 Hitzigs Pflegetochter Antonie Piaste heiratet), mit Chamisso und
Fouqué ist er Mitglied der von E.T.A. Hoffmann (s.S. 83) ins Leben
gerufenen Verbindung der „Serapionsbrüder". Nach Chamissos
Tod gibt er eine erste Werkausgabe heraus, zu der er eine Biografie
Chamissos beisteuert.

Friedrich de la Motte Fouqué (1777 – 1843)

Friedrich Heinrich Karl
Baron de la Motte Fou-
qué entstammt einer
altadligen französischen
5 Hugenottenfamilie, die
in Folge der französi-
schen Bürgerkriege am
Ende des 17. Jahrhun-
derts aus Frankreich
10 nach Preußen emigriert
war. Fouqué dient in der
preußischen Armee,
nimmt aber dann 1802
seinen Abschied und
15 zieht sich auf ein Gut
zurück, um zu schreiben. Nebenbei unterhält er eine Berliner
Stadtwohnung, nimmt aktiv an literarischen Aktivitäten in der
preußischen Hauptstadt teil und freundet sich bald auch mit Chamisso an. Gemeinsam mit Hitzig und Chamisso ist Fouqué Mit-
20 glied des „Nordsternbundes" und der „Serapionsbrüder". Zwischen 1810 und 1820 ist er einer der populärsten deutschsprachigen romantischen Autoren mit Romanen, Erzählungen und
Theaterstücken zu mittelalterlichen Stoffen. Am bekanntesten geblieben ist seine Erzählung *Undine* (1811), die E.T.A. Hoffmann 1816
25 als Oper vertonte.

E.T.A. Hoffmann (1776 – 1822)

Ernst Theodor Amadeus Hoffmann führt Zeit seines Lebens eine Doppelexistenz: Zum einen
5 arbeitet er als Jurist, zum anderen als Künstler. Das Multitalent Hoffmann ist unter anderem Kapellmeister in
10 Bamberg und Dresden, zeichnet und verfasst neben seiner juristischen Tätigkeit einige Romane und eine Viel-
15 zahl von Erzählungen, von denen er viele zu Erzählsammlungen zusammenfasst. Ab 1814 wohnt er fest in Berlin, arbeitet als Jurist am Kammergericht und führt nebenbei ein ausschweifendes Nachtleben. In dieser Zeit freunden sich Chamisso und Hoffmann an. Hoffmann verfasst 1815 „Die Abenteuer der Sylvester-Nacht",
20 eine Erzählung, die sich eng an „Peter Schlemihls wundersame Geschichte" anlehnt (s. S. 114 – 119). Nach der Rückkehr von seiner Weltreise ist Chamisso Mitglied in dem von Hoffmann ins Leben gerufenen literarischen Zirkel der „Serapionsbrüder", an dem neben anderen auch Fouqué und Hitzig teilnehmen.

3. Dokumente zur Entstehung von „Peter Schlemihl"

Chamisso verfasst seine Erzählung im Jahre 1813 in Kunersdorf. Die Entstehung spiegeln die folgenden Briefauszüge sowie der vorangestellte Text von Günter de Bruyn, der die biografischen und zeitgeschichtlichen Hintergründe anschaulich macht.

5 *1806 hat Napoleon Preußen besetzt, an Napoleons erfolglosem Russlandfeldzug nehmen 1812 so auch 20.000 preußische Soldaten teil.*

Günter de Bruyn: Chamisso 1813

Im Oktober 1812 hatte der Rückzug der napoleonischen Armee aus Russland begonnen. [...] [I]m Februar 1813 war in Preußen mit der Vermehrung der Streitkräfte begonnen worden, ohne Gründe dafür zu nennen. Jedermann aber ahnte, dass die Rekrutierung gegen
5 den Bündnispartner Frankreich gerichtet war. [...] [D]ie königlichen Aufrufe „An mein Volk" und „An mein Kriegsheer" vom 17. März sagten [dann] mit klaren Worten, dass es nun gegen Napoleon ging. [...]

[D]ie allgemein vorhandene antifranzösische Stimmung [wandelte
10 sich] zu einem patriotischen Enthusiasmus, der [...] große Teile der Bevölkerung, besonders auch die gebildeten Schichten ergriff. [...] Allerorts herrschte Kriegsbegeisterung, die aber auch zur Folge hatte, dass jeder, der sie nicht teilen wollte oder konnte, mit Unverständnis zu rechnen hatte oder auch der Verachtung ausgesetzt
15 war.

Zu diesen gehörte der deutsche Franzose oder französische Deutsche Adelbert von Chamisso, der das Land seiner Geburt nicht weniger als seine Wahlheimat liebte, den jetzt ins Unglück geratenen Kaiser[1], der überall verhöhnt wurde, verehrte und sich in Berlin
20 nun wieder als Fremder fühlte, weil er aus der patriotischen Hochstimmung seiner Umgebung ausgeschlossen war. Ihm fehlte, was alle hatten, und wenn auch die Freunde ihm ihr Unverständnis nicht zeigten, so musste er doch annehmen, dass sie es fühlten.

---

[1] Napoleon

Selbst die Billigung seiner Haltung schloss ihn aus ihrer Gemeinschaft aus. „Der Aufenthalt in Berlin war mir drückend", schrieb er
[...], „bei dieser rasenden Zeit zieh' ich mich in Demut zurück."
Während überall um ihn her Aufbruchstimmung herrschte und die
5 Dichterfreunde Kriegs- und Vaterlandslieder verfassten, war ihm
mehr zum Klagen zumute. [...]
Erst im Vorjahr hatte der Zweiunddreißigjährige das Studium der
Naturwissenschaften an der Berliner Universität begonnen, jetzt
hielt er es in der Stadt nicht mehr aus. Ein verständnisvoller Profes-
10 sor hatte ihn nach Kunersdorf[1] vermittelt. [...] Der Student und er-
folglose Dichter, der sich zu einem leidenschaftlichen Botaniker
entwickelt hatte, [...] war im Herrenhaus von Kunersdorf gern gesehen. Er traf im Mai ein und blieb bis Oktober [...]
„Ich arbeite immer an meinen Pflanzen, gehe mit meinem Gärtner
15 botanisieren, vergleiche meine Kataloge und korrigiere die französischen Aufsätze der jungen Leute", schreibt er im Juni in einem
Brief nach Berlin. Dieser war an Hitzig[2] gerichtet, der, obwohl nur
wenig älter, für ihn fast väterliche Gefühle hegte, die wohl auch
damit zusammenhingen, dass der Unverheiratete und Vaterlands-
20 lose in Hitzigs glücklicher Familie so etwas wie Heimat hatte, wes-
halb er dann auch das einzige literarische Erzeugnis seiner Kuners-
dorfer Mußestunden[3] nicht zum Veröffentlichen, sondern zum
Vorlesen für das Ehepaar Hitzig und seine fünf Kinder bestimmte,
ohne zu ahnen, dass sich vor allem auf diese Geschichte sein
25 Ruhm gründen sollte bis zum heutigen Tag. [...]

Aus: Günter de Bruyn: Die Zeit der schweren Not, Frankfurt am Main, 2010,
S. 285 – 290

---

[1] ein Gut mit Schloss, ungefähr 70 km östlich von Berlin
[2] s. S. 81
[3] „Peter Schlemihl"

Briefauszüge zur Entstehung von „Peter Schlemihls wundersame Geschichte"

Chamisso an Hitzig, Kunersdorf, August 1813

Du hast also nichts weniger von mir erwartet als ein Buch! – Lies das Deiner Frau vor, heute Abend, wenn du Zeit hast; wenn sie neugierig wird zu erfahren, wie es Schlemihl weiter ergangen, und besonders,
5 wer der Mann im grauen Kleide war, so schick mir gleich morgen das Heft wieder, auf dass ich daran schreibe – wo nicht, so weiß ich schon, was die Glocke geschlagen hat, – ich habe hier niemand, mit dem ich Vorlesungen vornehmen könnte. – Autoren sind doch ein tolles Volk, ich bin froh, dass ich keiner bin. – Lebe wohl, Ede, und Gott erhalte
10 Dich und Deinen Schlagschatten[1] Frau, Kindern und Freunden[2]! Amen. Vom dritten Kapitel ist das erst der Anfang, das und das folgende sind mir sehr beschwerlich – es stehen die Ochsen am Berge – nachher soll es wohl ziemlich lange wie geschmiert gehen. 8 bis 10, höchstens 12 solcher Kapitelchen – – wie viel macht das [im Druck]?

Chamisso an Hitzig, Kunersdorf, September 1813

15 – Mein Schlemihl hat doch seinem Namen Ehre gemacht[3], so friedlich mitten in dem Krieg zu debütieren. – [...] Nun Du die Sache so nimmst, muss ich doch sehen, wie ich ihn weiterbringe – doch fehlt mir schon die Laune – ich fürchte, dass das Komische erlischt und das Weinerliche zu sehr aufkomme; – denn er besteht doch
20 und soll bestehen aus a + b, Ideal und Karikatur, das tragische und komische Element.

Chamisso an Hitzig, Kunersdorf, Ende September 1813

– Ich kritzle immer an meinem Schlagschatten, und wenn ich's Dir gestehen muss, lache und fürchte ich mich manchmal darüber, so

---

[1] s. S.26, Anmerkung 2
[2] Gemeint ist: Gott soll Hitzig und Hitzigs Schatten beschützen, damit diese auch in Zukunft seiner Frau, seinen Kindern und seinen Freunden erhalten bleiben mögen (und nicht etwa wie der Schlemihls verloren geht).
[3] s. S. 5, Anmerkung 2

wie ich daran schreibe – wenn die andern nur für mich nicht
darüber gähnen. – Mein viel gefürchtetes viertes Kapitel hab' ich
mir nach vielem Kauen gestern aus einem Stücke, wie eine Of
fenbarung, aus der Seele geschnitten und heute abgeschrieben –
5 es ist auch schon eher Morgen als Nacht – darum ade. – Das Blitz-
Prosaschreiben wird mir ungeheuer sauer – mein Brouillon[1] sieht
toller aus als alle Verse, die ich je gemacht. – Hat es sich denn zu
ruhiger vernünftiger Prosa gesetzt?

Aus: Erläuterungen und Dokumente. Adelbert von Chamisso: Peter Schlemihls
wundersame Geschichte. Hrsg. von Dagmar Walach, Stuttgart, 1994, S. 44 – 46

Fouqué an Hitzig, 1.4.1814

Was sagst du zu dem Schlemihlgedanken, welchen dir das beilie-
10 gende Blatt eröffnet? Das Buch gehört für mich zu den unendlichen, zu denen, die als eiserner Bestand auf meinem Tische liegen
können, mit der Gewissheit, immer und immer wieder gelesen zu
werden. So vieler, so rein lustiger Spaß, so tiefer, so wehmütig hol-
der Schmerz! – Tue dein Möglichstes, es zu drucken. Natürlich
15 kannst nur Du und kein anderer der Verleger sein. [...]

[In dem beiliegenden Blatt heißt es:]

Der Herausgeber an seinen Verleger.

Die nachfolgende Zueignung legt dir und mir, lieber Eduard, diese
Blätter zur bestmöglichsten Verfügung in die Hand. Wir sollen sie
20 vor allem Unheiligen bewahren, heißt es darin[2], und ich gebe sie
heraus, und du verlegst sie. [...] [I]ch meine, es walte über die gedruckten Bücher von echtem Schrot und Korn ein eigener Genius[3],
welcher sie den echten Lesern entgegenführe, den unechten aber
größtenteils aus den Händen jage oder schlage, oder doch min-
25 destens einen undurchdringlichen Rätselschleier dazwischen
werfe[4]. Darum, meine ich, erfüllen wir Schlemihls und Chamissos

---

[1] Entwurf
[2] vgl. S. 7
[3] Schutzgeist
[4] vgl. S. 8

Auftrag am besten, wenn wir das uns Übergebene wieder jenem Genius übergeben. Und du, lieber Genius, seist hiermit feierlich angerufen, unserm treuherzigen Vertrauen recht vorsorglich zu entsprechen!

5 ## Chamisso an Karl Bernhard von Trinius[1], 11.4.1829

Ich will mit der Poesie selten etwas; wenn eine Anekdote, ein Wort, ein Bild mich selbst von der Seite der linken Pfote[2] bewegt, denk' ich, es müsse andern auch so ergehn, und nun ringe ich mühsam mit der Sprache, bis es herauskommt. Wenn ich selber eine Ab-
10 sicht gehabt habe, glaube ich es dem Dinge nachher anzusehen, es wird dürr, es wird nicht Leben, – und es ist, meine ich, nur das Leben, was wieder das Leben ergreifen kann. Machen Sie mich darob zu einer Nachtigall oder zu einem Kuckuck, kurz zu einem Singetier und zu keinem verständigen Menschen, – immerhin! Ich muss
15 und will es dulden, ich begehre es nicht besser. – Der Schlemihl ist auch nicht anders entstanden. Ich hatte auf einer Reise Hut, Mantelsack, Handschuhe, Schnupftuch und mein ganzes bewegliches Gut verloren; Fouqué frug: ob ich nicht auch meinen Schatten verloren habe? Und wir malten uns das Unglück aus. Ein andermal
20 ward in einem Buche von Lafontaine[3] (den Titel hab' ich nicht erfahren) geblättert, wo ein sehr gefälliger Mann in einer Gesellschaft allerlei aus der Tasche zog, was eben gefordert wurde – ich meinte, wenn man dem Kerl ein gut Wort gebe, zöge er noch Pferd' und Wagen aus der Tasche. Nun war der Schlemihl fertig, und wie
25 ich einmal auf dem Lande Langeweile und Muße genug hatte, fing ich an zu schreiben. [...] [M]ein Zweck war [...], [...] Hitzigs Frau und Kinder, die ich als mein Publikum mir vorgestellt hatte, zu amüsieren, und so kam es denn, dass sie und andere darüber gelacht haben.

Adelbert von Chamisso: Peter Schlemihls wundersame Geschichte. Hrsg. v. Thomas Betz und Lutz Hagestedt, Frankfurt/M., 2003, S. 96 f., 102

---

1 Karl Bernhard von Trinius (1778–1844), deutscher Arzt und Botaniker
2 Gemeint ist „mit linker Hand", spielerisch, unabsichtlich, nebenbei.
3 August Heinrich Lafontaine (1758–1831), Unterhaltungsschriftsteller

4. Illustrationen

„Peter Schlemihls wundersame Geschichte" ist immer wieder illustriert worden, so z. B. die Szene des Schattenverkaufs. Sie finden im Folgenden jeweils eine Illustration des englischen Chamisso-Zeitgenossen George Cruikshank, des realistischen Künstlers Adolph Menzel, des Bühnenbildners und Illustrators Emil Preetorius und des expressionistischen Malers Ernst Ludwig Kirchner.

George Cruikshank (1792–1878), britischer Karikaturist und Illustrator, berühmt geworden u. a. durch seine Illustrationen zu Werken von Charles Dickens („Oliver Twist"). Die Kupferstiche für die englische Ausgabe von „Peter Schlemihl" entstanden 1823.

Adolph von Menzel (1815–1905), deutscher Maler und Illustrator des Realismus, berühmt geworden als „Maler Preußens" v. a. durch seine Darstellungen aus dem Leben Friedrichs des Großen. Die Federzeichnungen zu „Peter Schlemihl" entstanden 1839.

Emil Preetorius (1883–1973), deutscher Grafiker und Illustrator,
berühmt geworden v.a. durch seine Bühnenbilder für das Theater.
Die Scherenschnitt-Illustrationen zu „Peter Schlemihl" entstanden
1908.

Ernst Ludwig Kirchner (1880–1938), bedeutender Maler und Grafiker des Expressionismus, Gründungsmitglied der Künstlergruppe „Die Brücke". Die Farbholzschnitte zu „Peter Schlemihl" entstanden 1915.

5. Der Verlust des Schattens als zentrales Motiv der Erzählung

Chamisso selbst hat sich stets geweigert, eine Deutung des Schattens zu geben. Von Lesern und Literaturwissenschaftlern aber ist der Verkauf des Schattens, das zentrale Motiv der Erzählung, immer wieder auf ganz unterschiedliche Weise gedeutet worden. Über einige Deutungsansätze informiert Sie dieses Kapitel.

Der Schatten und die Heimat

Ludwig Hüser, ein Deutschlehrer aus Halle und Zeitgenosse Chamissos, deutet das Schattenmotiv in der Vormärzzeit vor allem vor dem Hintergrund der Biografie Chamissos als eines gebürtigen Franzosen, der in Preußen ein deutscher Dichter wurde.

Christoph Gottlieb Ludwig Hüser: Wie Chamisso ein Deutscher wurde (1847)

[Es] muss [...] unsere Verwunderung erregen, wenn jemand seine Nationalität aufgibt und eine fremde sich aneignet. Es scheint so unmöglich, als dass ein Mensch, der unserer Erde angehört, nach der Atmosphäre des Saturn oder Uranus sich sehnen sollte; ein Volk lebt in seiner Eigentümlichkeit wie der Fisch im Wasser; es kann davon nicht abstrahieren[1], ohne in das leere Nichts zu kommen. Nur ganz verwaschene Charaktere halten sich in einer solchen Schwebe, dass sie nirgends den Boden berühren. Doch gerade tüchtigen Naturen begegnet es, dass selbst das gemeinsame und darum so gewaltige Lebenselement, in welches die Geburt sie versetzte, die entgegenstehende Härte der eigensten Persönlichkeit nicht zu bewältigen und mit sich auszusöhnen vermag, dass diese vielmehr, einem eingeborenen, unwiderstehlichen Drange folgend, jenseits der aufgedrungenen Grenzen Befriedigung, Heimat und Vaterland sucht.

So war es mit Chamisso, dessen Entwicklung zu dem, was er Deutschland wurde, wir hier in Kürze darstellen wollen [...].

---

[1] absehen

[D]ie Ereignisse von 1812–1813[1] [...] versetzen [Chamisso] in eine missliche Lage. Sollte er auch mit gegen Frankreich kämpfen, das er nicht liebte, das aber sein Vaterland war? Er selbst gesteht: „Die Weltereignisse vom Jahre 1813, an denen ich nicht tätigen Anteil

5 nehmen durfte, – ich hatte ja kein Vaterland mehr oder noch kein Vaterland – zerrissen mich wiederholt vielfältig, ohne mich von meiner Bahn abzulenken. Ich schrieb in diesem Sommer, um mich zu zerstreuen und die Kinder eines Freundes (Hitzig) zu ergötzen, das Märchen P e t e r S c h l e m i h l." – In der Tat für einen Mann

10 ohne Schatten – und das Vaterland ist ein solcher Schatten, den niemand verkaufen soll, am wenigsten an Sendlinge der Hölle – wie er in jenem Märchen sich selbst beschreibt, gab es damals keine andere Rettung als Verborgenheit und Einsamkeit. Er fand sie auf dem Landgute Kunersdorf bei Berlin. [...]

15 Die Frage lautet [...] nicht [...], was er g e w o l l t , sondern was er u n w i l l k ü r l i c h , also auch ohne einen bestimmten Willen, hineingelegt habe. Demgemäß glauben wir nun, dass der unglückselige Zustand des schattenlosen Schlemihl nichts anderes darstellt als das Unglück des vaterlandslosen Dichters; nicht als ob nun wie

20 in einer mathematischen Formel überall, wo in der Erzählung „Schatten" steht, etwa „Vaterland" substituiert[2] werden könnte, sondern in dem Sinne, dass der Held der Geschichte nach Abzug der zufälligen Umstände, die ihn umgeben, seinem inneren Wesen nach der Dichter selbst ist, wie er vergeblich nach etwas ringt, was

25 doch sonst auch dem Geringsten, und zwar ganz von selbst, zuteilwird, wie der Schatten, den sich niemand erst zu erwerben braucht. [...]

Christoph Gottlieb Ludwig Hüser: Wie Chamisso ein Deutscher wurde. Halle, 1847, S. 3 f., 16, 24

---

[1] Gemeint sind die Niederlage Napoleons auf seinem Russlandfeldzug 1812 und die anschließenden sogenannten Befreiungskriege, die nach der Völkerschlacht von Leipzig im Oktober 1813 mit dem Rückzug Napoleons aus den besetzten Gebieten Deutschlands endeten.

[2] ersetzt

Der Schatten und die bürgerliche Existenz

Schriftstellerkollegen wie Thomas Mann und Robert Walser betonen das ‚unbürgerliche Element' des schattenlosen Schlemihl.

Thomas Mann: Chamisso (1908)

Thomas Mann (1875–1955) war einer der berühmtesten deutschsprachigen Schriftsteller des 20. Jahrhunderts.
5 *Er kam aus einer großbürgerlichen Lübecker Kaufmannsfamilie, schlug aber den Weg in die ungesicherte Existenz eines Schriftstellers ein. 1901*
10 *erschien sein berühmtester Roman „Die Buddenbrooks", in dem er den Aufstieg und Verfall einer Lübecker Kaufmannsfamilie erzählt. 1929 wurde er mit dem Nobelpreis für Literatur ausgezeichnet.*

„Songez au solide!¹" Das ist [...] die ironische Moral dieses Buches, dessen Autor nur zu genau wusste, was es heißt, der Solidität, der menschlichen Standfestigkeit, des bürgerlichen Schwergewichts zu ermangeln. „So stand ich", sagt er in dem autobiografischen
5 Abriss, den wir von ihm besitzen, „in den Jahren, wo der Knabe zum Manne heranreift, allein, durchaus ohne Erziehung; ich hatte nie eine Schule ernstlich besucht. Ich machte Verse... Irr an mir selber, ohne Stand und Geschäft, gebeugt, zerknickt verbrachte ich in Berlin die düstere Zeit."² Er kannte die Qualen der jugendlich
10 problematischen Existenz, die, ohne regelrechte Laufbahn und ohne regelrechte Zukunft, sich nicht auszuweisen vermag und mit wundem Ichgefühl überall Hohn und Verachtung spürt, besonders

---

¹ Denkt an das Solide!
² In: A. v. Chamisso: Reise um die Welt, 1. Teil, „Einleitend"

vonseiten der Dicken[1], Soliden, „die selbst einen breiten Schatten
werfen". Er besaß vielleicht noch sonderbarere Einsichten in die
schwebende Unwirklichkeit und Unsolidität seines Daseins. Er
war, ein Franzose von Geburt, in Deutschland heimisch geworden
5 und konnte sich sagen, dass er, wenn der Zufall es gewollt hätte,
ebensogut überall sonst hätte heimisch werden können. Ausdrücklich erklärt er irgendwo in seinen Schriften, dass er die Gabe in sich
gefunden habe, „sich überall gleich zu Hause zu finden"; und eine
ähnliche Bewandtnis hatte es vielleicht mit der außerordentlichen
10 Begabung für alle möglichen Sprachen, von der deutschen bis zur
hawaiischen, die man bei ihm festgestellt hat. Was war er, wer war
er überhaupt? Ein Nichts und ein Alles? Eine unumschreibbare,
überall heimische und überall unmögliche Unperson? Es mag Tage
gegeben haben, wo er sich nicht gewundert haben würde, wenn er
15 vor lauter Unbestimmtheit und Unwirklichkeit nicht einmal einen
Schatten geworfen hätte.
Der Schatten ist im „Peter Schlemihl" zum Symbol aller bürgerlichen Solidität und menschlichen Zugehörigkeit geworden. Er ist
mit dem Gelde zusammen genannt, als das, was man zu verehren
20 habe, wenn man unter den Menschen leben wolle, und dessen
man sich nur entschlagen möge[2], wenn man ausschließlich sich
und seinem besseren Selbst zu leben gewillt sei. Den Bürgern, wie
man heute sagen würde, den Philistern[3], wie der Romantiker sagte,
gilt der ironische Zuruf: „Songez au solide!" Aber Ironie heißt fast
25 immer, aus einer Not eine Überlegenheit machen, und das ganze
Büchlein, das nichts als eine tief erlebte Schilderung der Leiden
eines Gezeichneten und Ausgeschlossenen ist, beweist, dass der
junge Chamisso den Wert eines gesunden Schattens schmerzlich
zu würdigen wusste.

Aus: Thomas Mann: Chamisso (1911), in: Thomas Mann: Adel des Geistes.
Berlin (Ost) 1956, S. 44 f.

---

[1] Gemeint sind wenig selbstkritische Menschen, die es sich materiell gut
gehen lassen.
[2] worauf man nur verzichten soll
[3] Spießbürgern, Spießern

Robert Walser: Schatten (1924)

Robert Walser (1878–1956) war ein Schweizer Schriftsteller. Er schrieb einige Romane und viele Kurztexte, in denen hinter einer scheinbaren Heiterkeit tiefe Verzweiflung und Ironie steckt. 1929 begab er sich nach einem Zusammenbruch freiwillig in eine Nervenheilanstalt und blieb dort bis zu seinem Tode.

So sehr ich nachlasse, enttäusche, Erwartungen nicht erfülle, Ansprüchen nicht genüge, kann ich doch immer noch mit meinem Schatten aufwar-
5 ten, der durchaus Gutes von mir aussagt. Er ist hübsch und schlank; betrachte ich ihn, so steigt Lebenslust in mir auf, er lässt mich unzweideutig fühlen, ich sei daseinsberechtigt. Seinen Schatten hat zwar jeder; dass dem so ist, verringert ein bisschen seine Bedeutung, aber ist nicht gerade das erfreulich? Dass ich nachwei-
10 se, was alle Übrigen auf Verlangen vorlegen können, beruhigt mich enorm, zeigt an, dass ich normal bin. Durchschnittlich zu sein, muss jeden Vernunftbegabten beglücken. Wo Schatten existieren, strahlt auch Licht; wer einen Schatten hat, besitzt auch einen Körper. Ganz Geist begehr' ich nicht zu werden. Wer anders als er er-
15 zählt mir, ich sei treuherzig, heiteren Charakters und besäße eine Dosis Witz? Jeder meiner Bewegungen passt er sich dienstfertig an und sagt mir Schmeicheleien. Wie alle, bin ich für Letztere nämlich empfänglich. Niemand ruft mir nach: „Er hat keinen Schatten", wie es mit dem armen Peter Schlemihl der Fall war, der sein Köstlichs-
20 tes weggab; Fragen wie „Bendel, was fang ich nun an" kommen nie aus meinem Munde. Jener floh die Sonne, mich entzückt sie. Besser als im Leben siegen und ein Genie sein ist ein ehrlicher Schatten.

Robert Walser: Sämtliche Werke in Einzelausgaben. Band 17. Frankfurt/M./ Zürich 1986, S. 213

Der Schatten und die Ehre

Die Literaturwissenschaftler Peter Tepe und Tanja Semlow deuten den Schatten als Symbolisierung des „guten Rufs". Sie beziehen sich auch auf die Doktorarbeit des Lehrers Julius Schapler aus dem Jahre 1893. Wie Schapler lehnen sie die Einbeziehung biografischer Hintergründe
5 *in die Deutung des Schattenmotivs ab.*

Im Folgenden finden Sie einen kurzen Ausschnitt von Tepe/Semlow und einen längeren Auszug aus der Arbeit von Schapler, in welchem dieser seine Interpretation anhand des 1. und 8. Kapitels aus „Peter Schlemihl" veranschaulicht. Dabei bezieht er sich auf die gängige Un-
10 *terscheidung von „äußerer Ehre" (also dem guten Ruf in der Gesellschaft, gegenüber anderen) und „innerer Ehre" (also dem eigenen Ehrgefühl).*

Peter Tepe/Tanja Semlow: Der Verlust des Schattens als Verlust des guten Rufs (2012)

Der fehlende Schatten repräsentiert [...] den schlechten Ruf, den sich Schlemihl aufgrund seines Vergehens, das inhaltlich unbestimmt bleibt, eingehandelt hat. Der Schatten ist in der realen Welt grob gesagt eine vom Lichteinfall abhängige *physikalische Größe*,
5 innerhalb der mit übernatürlichen Komponenten versehenen Textwelt steht er jedoch als eine *ideelle Größe*, nämlich den guten Ruf, den ein Mensch in bestimmten gesellschaftlichen Zusammenhängen besitzt. Diesen primären Ruf der Unbescholtenheit hat Schlemihl durch bestimmte Handlungen verspielt.

Peter Tepe/Tanja Semlow: Interpretationskonflikte am Beispiel von Adelbert von Chamissos Peter Schlemihls wundersame Geschichte: Interpretationen des 19. Jahrhunderts (2012). www.mythos-magazin.de/erklaerendehermeneutik/pt-ts_schlemihl1.pdf [abgerufen am 29.7.2013], S. 59–61

Julius Schapler: Der Verlust des Schattens als Verlust der äußeren Ehre (1893)

1. Kapitel
Ein junger Mensch [...] verlässt [...] das Vaterhaus, um in der Fremde sein Glück zu versuchen. [...] Die Gelegenheit, sich Reichtum zu erwerben, über deren Sittlichkeit oder Unsittlichkeit er sich

nicht klar werden kann, die er aber viele unbedenklich benutzen sieht, tritt mit allen Künsten der Verführung an ihn heran [...]. [D]er Versucher [dringt] in ihn: Der unglückselige Wahn, dass er nur einen nichtigen Schatten hingebe, wenn er seinen guten Ruf dem
5 Reichtum opfere und den Leuten Anlass zur üblen Nachrede biete, gibt den Ausschlag und reift seinen Entschluss.

Der sittliche Schaden, den er damit an seiner Seele nimmt, ist vielleicht ganz gering, Strafwürdigkeit vor dem Gesetz beschränkt sich in Anbetracht der mildernden Umstände etwa auf eine kurze Frei-
10 heitsstrafe: Der Schatten des guten Rufes, seine äußere Ehre ist aber unwiderbringlich dahin. [...]

8. Kapitel [...]
Besonders stark wird [Schlemihls] dem Guten zustrebende Willenskraft auf die Probe gestellt, als der Graue vor seinen Augen den
15 erlisteten Schatten in seiner ganzen Ausdehnung prunken lässt und ihn dann gar zur Probe ihm anhängt. Auch im wirklichen Leben wird der Versucher seinem Opfer gerade dann am gefährlichsten, wenn er ihm verlorenens Glück vor die Seele zaubert und dessen Wiedererwerb in Aussicht stellt. Und können wir uns nicht
20 dieses Opfer sehr wohl als einen Unglücklichen vorstellen, den die Gesellschaft in Acht und Bann getan, weil er das „Nichts der Ehre" verloren? –

In der äußersten Erregung treten ihm Gestalten der alten Zeit vor die Seele. Wie war es mit jenem reichen Kaufherren John? – Gewiss
25 nicht! – Und doch schwelgte er ja im Vollgenuss alles Erdenglücks, und des Grauen Dankbarkeit sah ihm jeden Wunsch am Auge ab.
– „Hatten Sie eine Unterschrift von Herrn John?" fragt er schnell. Lächelnd antwortet ihm der Böse: „Mit einem so guten Freunde habe ich es keineswegs nötig gehabt?" – „Wo ist er? bei Gott, ich
30 will es wissen." Da zeigt sich Johns bleiche, entstellte Gestalt, und die blauen Leichenlippen bewegen sich zu den schweren Worten:

Justo judicio Dei judicatus sum;
Justo judicio Dei condemnatus sum.

[...] – Welcher Unterschied besteht nun zwischen den beiden?

Mit Leib und Seele hat sich John von Anbeginn an dem Bösen
überliefert. Der Teufel bedurfte weder seines Schattens noch seiner
Unterschrift! Denn er hatte von vornherein alles, wonach er trach-
tet. Andere, wie Schlemihl, deren sittlicher Halt größer ist, werden
5 zunächst zu kleineren Vergehen verführt, deren Tragweite sie nicht
zu ermessen vermögen, und so um ihre Ehre gebracht. Dadurch
aber sind sie in eine Schlinge geraten, der sie dank dem erbar-
mungslosen [...] Urteil der Welt sich unversehrt nicht mehr entwin-
den; nur mit Aufgebot äußerster Willenskraft und unter schweren
10 Opfern retten sie, wie Schlemihl, ihre innere Ehre, ihre Seele.

Julius Schapler: Chamissos Peter Schlemihl. Deutsch-Krone, 1893, S. 31, S. 38 f.

Michael Bienert:
Der Herrschaft Zauber aber ist das Geld.
Adel, Armut und Kapital bei Adelbert von Chamisso

2009 stellt der Publizist und Literaturwissenschaftler Michael Bienert
Chamissos Erzählung in einen Zusammenhang mit der neuen Wirt-
schafts- und Finanzkrise.

Große Umbrüche in der Gesellschaft verändern die Lektüre. Ver-
traute Werke liest man dann auf einmal anders, sie setzen neue
Assoziationsketten frei. So kann es einem dieser Tage mit Schriften
Adelbert von Chamissos gehen. Vor allem als erfolgreicher Einwan-
5 derer in die deutsche Kulturgeschichte wurde er in den letzten Jahren wahrgenommen [...]. Seit dem Herbst 2008 drängt sich mit der
weltweiten Krise der Geldwirtschaft ein anderes Motiv in den Vordergrund, so bei der neuerlichen Lektüre von Chamissos berühmtester Erzählung.

10 In „Peter Schlehmihls wundersamer Geschichte" geht es um einen
Mann, der seinen Schatten verkauft. Deswegen lehnt ihn seine
Mitwelt ab. In der Außenseiterrolle Schlemihls verarbeitete Chamisso seine Erfahrung als Ausländer, seine Schwierigkeiten, als
gebürtiger Franzose in der deutschen Gesellschaft um 1800 voll
15 anerkannt zu werden. Dieser Tage allerdings interessiert mehr der
Umstand, wie und warum Schlemihl seinen Schatten loswird. Er
verliert ihn ja nicht einfach oder wird beraubt, sondern tauscht ihn

gegen ein Geldsäckel. Er opfert einen Teil von sich, also seine persönliche Integrität, um an eine Geldquelle zu kommen, die nie zu versiegen scheint.

Eine mysteriöse Kapitalvermehrung findet in dem Säckel statt, wie
5 zuletzt in den Bilanzen der großen Banken. Schlemihl ist geblendet von der Möglichkeit, mehr Geld zu haben, als er jemals ausgeben kann. In ähnlicher Lage befand sich die Mehrheit der Finanzmanager, deren Verantwortungslosigkeit die akute Weltwirtschaftskrise ins Rollen brachte. Chamissos zeitloses Märchen warnt vor den
10 verheerenden Folgen maßloser Geldgier: Wer denkt, man könne unendliche Reichtümer anhäufen, ohne dafür einen hohen Preis entrichten zu müssen, unterliegt einem teuflischen Irrtum.

Ein freier Mensch wird Schlemihl erst wieder, als er das fatale Geldsäckel in einen Abgrund wirft. Seinen Schatten bekommt er da-
15 durch nicht zurück, aber eine neue Chance. Ausgerüstet mit Siebenmeilenstiefeln beginnt er ein neues Leben als Naturforscher. Sein Diener Bendel nutzt das hinterlassene Kapital, um eine wohltätige Stiftung für Kranke und Hilfsbedürftige aufzubauen, das Schemihlium.
20 Die märchenhafte Einkleidung der Fabel täuscht nicht darüber hinweg, dass der Autor tief von den Idealen der Aufklärung durchdrungen war. Für Chamisso gab es kein Zurück in einen paradiesischen Zustand vor dem Sündenfall. Stattdessen skizzierte er zwei sehr vernünftige und bescheidene Optionen, die Welt ein wenig
25 bewohnbarer zu machen. [...]

Michael Bienert: „Der Herrschaft Zauber aber ist das Geld". In: Chamisso: Viele Sprachen – eine Kultur, Chamisso-Magazin, 2009, S. 27 (http://www.bosch-stiftung.de/content/language1/downloads/Chamisso_Magazin_0903_0905.pdf (12.11.2013))

6. „Wundersam" –
Zur Epoche der Romantik

„Peter Schlemihls wundersame Geschichte" erschien in der Hochzeit der Romantik und, wie dargestellt (S. 81ff.), im Kontext eines Romantiker-Netzwerkes. So spricht einiges dafür, auch „Peter Schlemihl" als romantischen Text zu lesen. Wenn allerdings der romantische Dichter
5 *Eichendorff in Bezug auf die Erzählung von der „pikante[n] Unbestimmtheit" dieses „wunderliche[n] Märchen[s]" spricht, so meint diese „Unbestimmtheit" wohl auch die Schwierigkeit, die Erzählung eindeutig der romantischen Literatur der Zeit zuzuordnen. Dieses Kapitel informiert Sie über einige allgemeine Hintergründe und Grundzüge der*
10 *Epoche und soll Ihnen ermöglichen, sich selbst eine Meinung zu bilden, inwiefern „Peter Schlemihl" ein romantischer Text ist, inwiefern vielleicht aber auch nicht.*

Die Literatur der Romantik lässt sich grob in verschiedene Phasen mit verschiedenen Zentren unterscheiden:
15 *Frühromantik (ca. 1790–1804) (Berlin, Jena),*
Hochromantik (ca. 1805–1815) (Heidelberg),
Spätromantik (ca. 1815–1835) (Berlin, Wien, Nürnberg, Heidelberg).

Timotheus Schwake: Die Epoche der Romantik

Im Zusammenhang eines allgemein konstatierten **Epochenumbruchs** wird in der Literaturgeschichte die Zeit von etwa 1790 bis 1835 als Romantik bezeichnet. Die geläufige Unterscheidung in Früh-, Hoch- und Spätromantik sowie in Jenaer und Heidelberger
5 Romantik dient dem Zweck, in die Vielfalt der literarisch-künstlerischen Werke Ordnung und Struktur zu bringen. Der **Begriff des Romantischen**, der auch heute noch wie selbstverständlich im alltäglichen Leben benutzt wird, wenn man seine innere Gefühlswelt z. B. beim Anblick eines Sonnenuntergangs ausdrücken will, wurde
10 anfangs häufig negativ verwendet. Geschmacklosigkeit, Albernheit und Kitsch waren die anfänglichen Vorwürfe gegenüber dem Romantischen, sie wurden jedoch nach und nach durch die Betonung des **Fantasievollen, Irrealen, Wunderbaren** und **Gefühlvollen** abgelöst, die bis heute ihre Gültigkeit hat.

Die wesentlichen künstlerischen Strömungen der Romantik sind
nur zu verstehen vor dem Hintergrund der Aufklärung. Die Gedanken der **Aufklärung** galten vielen Romantikern als einseitig und z. T.
menschenfeindlich. Die Vernunft- und Wissenschaftsgläubigkeit
5 der Epoche hatte aus ihrer Sicht **die Welt entzaubert** und der Ge-
heimnisse beraubt, die der Mensch jedoch zu einem ganzheitli-
chen und glücklichen Leben braucht. Die **Eindimensionalität des
modernen Menschen** – die auch als mittelbare Folge bedeutender
ökonomischer (Arbeitsteilung, Industrielle Revolution, Städte-
10 wachstum), sozialer und politischer (Französische Revolution)
Umwälzungen verstanden werden kann – wird von den Romantikern kritisiert. An ihrer prosaisch-langweiligen Lebenswirklichkeit,
die auf Eingrenzungen und zunehmender Spezialisierung gründet,
reibt sich die romantische Kunst: Sie will die Grenzen und Spezia-
15 lisierungen gerade überwinden, Vernunft und Gefühl, Kunst und
Wissenschaften zu neuer, dem Menschen dienlicher Größe verei-
nen. Der Geist der Poesie soll alles mit allem verbinden. Dem Leiden an der Wirklichkeit wurde die Kunst entgegengestellt. Dabei
sind v. a. folgenden **Motive** wichtig:
20 Im Wissen um die Entfremdung des Menschen von der Natur und
von sich selbst ist vielen literarischen Werken der Epoche die Sehnsucht nach einer neuen Einheit mit der **Natur** gemein. Wald und
Wiese werden als Orte des Rückzugs und der Innerlichkeit stili-
siert, an dem der Einzelne zu sich selbst kommen kann. In diesem
25 Kontext kann man auch von **Naturfrömmigkeit** vieler romantischer
Denker sprechen, nach der romantisches Wandern zugleich immer
auch eine Suche nach dem göttlichen Ursprung allen Seins ist.
Grundlegend für dieses Naturverständnis ist der Gedanke, dass in
ferner Vergangenheit ein paradiesischer Urzustand existierte, in
30 dem der Mensch sich mit Gott und der Natur in einem harmoni-
schen Einklang befunden haben muss. Diesen gilt es in Abgrenzung zur Zivilisation und wirtschaftlichen Betrachtung der Natur
durch die moderne Welt wieder anzustreben, indem die Stimmen
des Wunderbaren zum Klingen gebracht werden. Dies geschieht
35 sehr häufig im **Märchen**, dessen Handlung oft in eine unbestimm-
te Zeit in der Vergangenheit zurückversetzt wird.

Eng verwandt mit dem Naturverständnis der Romantiker ist das
Motiv des **Wanderns** und des **Fernwehs**. Die romantischen, oft
märchenhaft verklärten Vorstellungen vom deutschen Wald als
Rückzugs- und seelischem Erholungsraum für von der Gesellschaft Enttäuschte wirken bis in unsere heutige Zeit hinein. Die
dem Romantiker eigene Wehmut, Trauer und Melancholie verflie-
gen angesichts der mutigen Entscheidung, das alte, stark begrenzte, **spießbürgerliche Leben als Philister** hinter sich zu lassen und
vermeintlich ziellos loszuwandern und in der Ferne sein Glück zu
machen. Dabei ist der äußere, sichtbare Prozess des Wanderns
häufig nur ein anschauliches Bild für Novalis' Ratschlag: „Nach
innen geht der geheimnisvolle Weg." Ähnlich wie Eichendorffs
„Taugenichts" geht es vielen romantischen Helden: Getrieben von
der **Sehnsucht**, die Grenzen des Alltags in und **durch Dichtung und
Fantasie** zu überwinden, wagt der romantische Held den Aufbruch
ins Ungewisse, der immer auch eine Reise ins eigene Selbst darstellt. Dabei macht er in der sog. Schwarzen Romantik häufig Bekanntschaft mit dem **Unbewussten**, mit **Krankheit** und **Wahnsinn**.
Die Entdeckung der Bedeutung des Unbewussten als triebhafter
Antriebskraft des Menschen ist – weit vor Sigmund Freud – eine
wesentliche Errungenschaft der Romantik und macht bis heute einen Teil ihrer **Modernität** aus.

Anders als es heutige vereinfachende Vorstellungen von **naiver Liebe** und Weltabgewandtheit vielleicht nahelegen, ist die Romantik
auch eine zutiefst philosophische Epoche; v. a. in der vom deutschen Idealismus beeinflussten Frühromantik werden theoretische
Konzepte entwickelt, auf welche Art und Weise man das **Goldene
Zeitalter** wiedergewinnen kann: Der Zersplitterung und Zerstörung
des Lebendigen durch die Arbeitsteilung der bürgerlichen Gesellschaft soll durch die romantische Poesie als **„progressiver Univer-
salpoesie"** (F. Schlegel) begegnet werden. Alle Lebensbereiche – so
die **Kunstprogrammatik** – sollen von Dichtung, Musik und Malerei
durchdrungen werden und so soll die prosaische Realität durch
Verbindung alles Getrennten „wiederverzaubert" werden. Es gilt,
das „Lied in allen Dingen" (Eichendorff) zu erkennen und zum
Klingen zu bringen. Dies erklärt auch die Liebe der Romantiker zur
Musik; selbst die Lyrik wird musikalisch, weil weniger die Bedeu-

tung des Wortes als vielmehr der Klang wichtig wird. Der Vorgang wird als progressiver verstanden, weil man davon ausging, dass er grundsätzlich zu keinem Ende kommen kann. Das Ziel ist die (Such-)Bewegung an sich, nicht ein denkbarer Ruhezustand.

Aus: P.A.U.L. D Oberstufe. Herausgegeben von Johannes Diekhans und Michael Fuchs. Schöningh Verlag: Paderborn 2013, S. 221–222

„Wundersam"

Chamisso nennt seine Erzählung im Titel eine „wundersame Geschich-
te". „Wundersam" wird neben dem etwas anderen „wunderbar" in der
Epoche der Romantik zu einem schillernden Modewort. Es hat folgen-
de Bedeutungsfacetten:
5 *(1) rational nicht fassbar (etwa aus der Welt der Märchen, der*
   Zauberei usw.)
(2) überraschend, interessant
(3) sonderbar, merkwürdig
(4) bewundernswert
10 *Die Vorliebe der Romantiker für alles „Wundersame" beschreibt der*
Philosoph und Literaturwissenschaftler Rüdiger Safranski (*1945) in
seinem Buch zur Romantik als „Konjunktur des Geheimnisvollen".

Rüdiger Safranski:
Die Konjunktur des Geheimnisvollen in der Romantik

Überhaupt das Geheimnis. In dieser literaturbesessenen Epoche hatte es Konjunktur. Das Licht der Aufklärung verlor an Glanz. [...] Am Ende des Jahrhunderts konnte das Wunderliche wieder selbst-bewusst als das Wunderbare auftreten. [...] Die allgemeine Stim-
5 mung hatte sich geändert, man fand wieder Gefallen am Rätselhaf-ten, der Glaube an die Transparenz und Kalkulierbarkeit der Welt war schwächer geworden. Die pragmatische[1] Aufklärung hatte Vor-hersehbarkeit und Planbarkeit auf ihr Panier geschrieben. Die 80er-und 90er-Jahre aber bringen Wirtschaftskrisen und Kriege. Der
10 erste Akt der Französischen Revolution konnte noch als Akt der Ver-nunft gelten [...], aber die tumultuarischen und terroristischen Fol-

---

[1] auf die praktische Lebensbewältigung ausgerichtete

gen musste man wohl als Zeichen dafür nehmen, dass die Geschichte der planenden Vernunft aus dem Ruder läuft und eher unsere dunkle Natur als unseren hellen Verstand zum Zuge kommen lässt. Das alles erschüttert das Vertrauen in ein aufgeklärtes
5 Denken, das sich die Sache zu leicht macht, was bedeutet: unfähig zu sein, die Tiefe des Lebens und seine Nachtseiten zu erfassen. Es wird der Ehrgeiz der Romantiker sein, das Denken und die Imagination auf das Ungeheure einzustimmen, das in uns und um uns geschieht. Dass der Fortschritt immer das Bessere bringt, beginnt
10 man zu bezweifeln. Könnte es nicht auch das Alte und Uralte sein? Jedenfalls hört man, wenn die lichte Zukunft sich verdüstert, die Stimme der Vergangenheit besser. Man findet wieder Gefallen am Dunklen, das von weither kommt. Die verhangene Melancholie der Volkslieder übt ihren Reiz aus: *Es fiel ein Reif in der Frühlingsnacht.*
15 Die Lust am Geheimnisvollen und Wunderbaren, wie sie in der literarischen Kultur am Ende des Jahrhunderts aufkommt, ist das Symptom eines Mentalitätswandels, der den rationalistischen Geist zurückdrängt. Es sind viele, die am gemessenen Schreiten des aufgeklärten Fortschritts zweifeln oder gar verzweifeln und ei-
20 nen Ausnahmezustand herbeisehnen, der ihnen erlaubt, einzelne Stufen zu überspringen und ihr individuelles Glück zu machen, noch ehe die triumphierende Vernunft das Glück der Menschheit sichert. Man hofft auf überraschende Wendungen, Begegnungen, die das große Glück bringen. Die Romane leben davon. *Nichtsah-*
25 *nend ging ich aus dem Haus, als plötzlich ... –* das wird jetzt die Formel der Spannungserzeugung. Besonders E.T.A. Hoffmann wird sie virtuos zu handhaben wissen. [...]
Die Wundermacht des Schicksals knüpft überraschende Verbindungen, lässt die Menschen abstürzen und in ungeahnte Höhen
30 steigen. In solcher Atmosphäre werden die vom Schicksal und der eigenen Geschicklichkeit wundersam emporgeschleuderten Hochstapler vom Schlage eines Cagliostro[1] fast zu mythischen Figuren. [...]
Rüdiger Safranski: Romantik. München, 2007: Hanser, S. 53 f.

---

[1] Alessandro Graf von Cagliostro (1743 – 1795), italienischer Alchemist und Hochstapler

7. Zur Gattungsfrage

Die eindeutige Zuordnung von Chamissos Werk „Peter Schlemihl" zu einer Gattung ist unter Literaturwissenschaftlern umstritten. Natürlich handelt es sich um eine (längere) „Erzählung", aber ob der Text nun eher ein „Märchen" oder eine (dann allerdings fantastische) „Novelle"
5 *ist, darüber lässt sich streiten. Sie finden in diesem Kapitel Beschreibungen der für die Gattungsfrage zentralen Begriffe sowie unterschiedliche Positionen zur Frage nach der Gattungszugehörigkeit von „Peter Schlemihl".*

Grundbegriffe 1: Märchen

Märchen

Eine in ihrem Umfang begrenzte unterhaltsame Prosaerzählung, in der es um Wunder und Wunderbares geht, ohne dass dies wie in der Sage oder der Legende ausdrücklich betont würde. Zu unterscheiden ist zwischen dem Volksmärchen und dem Kunstmär-
5 chen.

Das Volksmärchen
Die Geschichte des mündlich überlieferten und deshalb keinem bestimmten Verfasser zuzuordnenden Volksmärchens lässt sich bis zu den Schriftzeugnissen der frühen Hochkulturen[1] zurückver-
10 folgen. [...] Als hervorstechendste Gattungseigentümlichkeiten gelten: Einsträngigkeit der meist fantastisch-wunderbaren Handlung, Figuren ohne Innenleben, ohne Psychologie also, Konzentration auf den Helden, feststehende Handlungsmuster, wobei die Charaktere der handelnden Personen nach dem Modell naiver Moral in
15 klarem Gegensatz zueinanderstehen (gut – böse, tapfer – feige usw.), und ein glücklicher Ausgang. Stilistisch stellt man Vorlieben für die wörtliche Rede in Dialogform und für den Satzbau der Parataxe fest, im Motivbereich werden Schauplätze mit starker Ausstrahlung sowie Farb- und Zahlensymbole (z. B. drei Aufgaben, die

---

[1] Gemeint sind Kulturen wie bspw. das mesopotamische Reich, das ägyptische Reich, frühe chinesische Reiche usw. in einem Zeitraum ab ungefähr 4.000 v. Chr.

der Held zu lösen hat) bevorzugt. Häufig stehen formelhafte Wendungen am Anfang („Es war einmal …") und Ende („... und wenn sie nicht gestorben sind …").

Bis heute ist das Bild der Gattung vom Schaffen der Brüder **Jacob** und **Wilhelm Grimm** bestimmt; nicht zuletzt ist ihnen zu verdanken, dass das Märchen zur Kinderlektüre wurde. Bezeichnenderweise nannten sie ihre Sammlung auch „Kinder- und Hausmärchen" (1812–15). [...]

Das Kunstmärchen

[... D]ie Romantiker **Ludwig Tieck** und **Novalis** lieferten [...] einzelne Märchen und begründeten schließlich eine Tradition des Kunstmärchens, die während des gesamten weiteren 19. Jhs. gepflegt wurde und bei Autoren wie **Bettina von Arnim, Clemens von Brentano, E.T.A. Hoffmann, Eduard Mörike** oder **Gottfried Keller** in unterschiedlichsten Konstellationen vorkommt, wobei oft die Künstlerproblematik, Erscheinungen des Unerklärlichen, des Gespenstischen oder auch des Wunderbaren im Vordergrund stehen.

Schülerduden Literatur, Mannheim, Leipzig, Wien, Zürich, 2010, S. 283–285

Grundbegriffe 2: Novelle

[S]eit der Renaissance literarischer Begriff für eine Erzählung in Prosa (seltener in Versform), die ein Ereignis oder eine Abfolge weniger Geschehnisse gestaltet. Ein Konflikt steht im Mittelpunkt der Handlung. Formal ist eine straffe, zielgerichtete Handlungsführung charakteristisch.

Abgrenzung zu anderen Gattungen

Die Novelle unterscheidet sich von der Kurzgeschichte v. a. durch ihre geschlossene Form. Innerhalb dieser Form weist sie Wende- und Höhepunkte auf. Weitere Elemente in der Novelle sind Vorausdeutungen, Dingsymbole[1] und Leitmotive. Von Märchen, Legende und Fabel unterscheidet sich die Novelle durch ihren Realitätsbezug. Im Gegensatz zum Roman liegt die Konzentration in der Novelle auf der Darstellung eines Einzelkonflikts; ausführliche Beschreibungen von der äußeren Umgebung oder den psychologischen Zu-

---

[1] Tiere, Pflanzen oder leblose Dinge, die in einem literarischen Text eine zentrale symbolische Rolle einnehmen

ständen treten in den Hintergrund. Häufig sind Novellen in einem Zyklus versammelt oder in eine Rahmenerzählung eingebettet, die einen historischen oder gesellschaftlichen Bezug herstellt [...].

Seit der Romantik gab es Versuche, eine Theorie der Novelle zu
5 schaffen. Den inhaltlichen Aspekt betonte **Goethe** mit seiner Definition der Novelle als Beschreibung einer „unerhörten Begebenheit", während **Ludwig Tieck** und **August Wilhelm von Schlegel** die straffe Komposition hervorhoben.

Schülerduden Literatur, Mannheim, Leipzig, Wien, Zürich 2010, S. 318 f.

Grundbegriffe 3: Fantastische Literatur

Sammelbegriff für Literatur, die vom Einbruch übernatürlicher und unheimlicher Mächte in das alltägliche Leben handelt, sodass die Grenze zwischen Wirklichkeit und Unwirklichem verschwimmt.

Die fantastische Literatur bildete sich verstärkt im 18. Jh. als Angriff
5 auf das Menschen- und Weltbild der Aufklärung, das von der Vorherrschaft der Vernunft geprägt war, heraus. Die Darstellung des Übernatürlichen und Zauberhaften, aber auch des Wahnsinns und des Bösen, etwa in den zahlreichen um 1800 erschienenen Schauerromanen, stand im Gegensatz zu der aufklärerischen Vorstel-
10 lung, dass die bestehende Welt die beste aller möglichen und durch die Vernunft erklärbar sei.

Im 19. Jh. griffen v.a. die romantischen Autoren fantastische Elemente auf, so z. B. **Adelbert von Chamisso** in der Erzählung „Peter Schlemihls wundersame Geschichte" (1813/14) [...]. Der wichtigste
15 deutsche Autor der fantastischen Literatur im 19. Jh. ist **E.T.A. Hoffmann**. In seinen Romanen, Novellen und Erzählungen [...] gehen realistische Alltagswelt und fantastische Geisterwelt mit unheimlichen Doppelgängern, Teufels- und Gespenstererscheinungen ineinander über. Zur fantastischen Literatur des 19. Jh. zählen auch
20 **Edgar Allan Poes** Erzählungen [...].

Im weiteren Verlauf des 19. Jhs. kreisten die Werke der fantastischen Literatur nicht nur um Gespenster und Teufel, sondern v. a. auch um Tiermenschen, künstlich erzeugte Wesen oder Vampire, wie z. B. **Mary Shelleys** Roman „Frankenstein oder Der moderne
25 Prometheus" (1818) oder **Bram Stokers** Roman „Dracula" (1897).

Im 20. Jh. setzte sich die fantastische Literatur in der Horrorliteratur fort. Daneben entwickelten sich spezielle Zweige der fantastischen Literatur, nämlich die Science-Fiction und die Fantasy.

Schülerduden Literatur, Mannheim, Leipzig, Wien, Zürich 2010, S. 137 f.

Benno von Wiese: „Peter Schlemihl" als Märchen (1956)

1956 fasst der Germanist Benno von Wiese die Diskussion um die Frage, welcher Gattung „Peter Schlemihls wundersame Geschichte" zuzuordnen sei, zusammen, indem er knapp die Position dreier Germanisten aus der ersten Hälfte des 20. Jahrhunderts beschreibt:

Adelbert von Chamissos 1813 entstandene Erzählung von Peter Schlemihl wird bis heute fast immer als ein rein romantisches Märchen, ja sogar unter Berufung auf Chamisso selbst als ein ausgesprochenes „Kindermärchen" aufgefasst. Nach der Meinung von
5 Hermann Pongs handelt es sich um eine romantisch-allegorische[1] Stimmungsnovelle [...] mit [...] tiefsinnigen Verweisen vom Alltäglichen auf das Wunderbare [...]. Nach Richard Benz ist die Erzählung ein Kunstmärchen, das jedoch zugleich Motive des Volksmärchens benutzt [...]. Auch Hermann August Korff[2] hat [...] dieses Märchen
10 als eine „kuriose Geschichte" [...] bezeichnet, gleichsam ein Abfallprodukt echter romantischer Dichtung. Nur Thomas Mann hat [...] entschieden die Märchenthese abgelehnt.

Aus: Benno von Wiese: „Peter Schlemihl" als Märchen. Aus: ders.: Chamisso. In: Die deutsche Novelle von Goethe bis Kafka. Interpretationen. Band 1. Düsseldorf: Bagel Verlag 1956, S. 97 f. © Schwann, Düsseldorf

---

[1] allegorisch: über den wörtlichen Sinn des Dargestellten hinausgehend, indem ein abstrakter Sachverhalt durch etwas Konkretes veranschaulicht wird

[2] Hermann Pongs (1889–1979), Richard Benz (1884–1966) und Hermann August Korff (1882–1963) waren deutsche Literaturwissenschaftler. Korff verfasste mit „Geist der Goethezeit" (1923–1957) eine der wirkungsmächtigsten literaturgeschichtlichen Darstellungen zur Literatur in der Umbruchzeit um 1800.

Thomas Mann: „Peter Schlemihl" als fantastische Novelle (1911)

[M]an hat den „Schlemihl" ein Märchen, ja, indem man sich auf des Dichters lässige Erklärung berief, er habe ihn für die Kinder eines Freundes geschrieben, sogar ein Kindermärchen genannt. Er ist es nicht, ist, obgleich auf unbestimmtem Grund und Boden
5 spielend, zu novellistischer Natur, bei allem grotesken Einschlag zu ernst, zu modern leidenschaftlich, um der Gattung des Märchens eingeordnet werden zu können, und er eignet sich aus denselben Gründen nach unserer Meinung und Erfahrung nicht sonderlich für Kinder. Ganz realistisch und bürgerlich hebt die Erzäh-
10 lung an, und die eigentliche Kunstleistung des Verfassers besteht darin, dass er die realistisch-bürgerliche Allüre[1] bis ans Ende und beim Vortrage auch der fabelhaftesten Begebnisse mit aller Genauigkeit festzuhalten weiß: Dergestalt, dass Schlemihls Geschichte wohl als „wundersam" im Sinne selten oder nie erhörter Schicksa-
15 le wirkt, zu denen ein irrender Mensch durch Gottes Willen berufen war, aber nie eigentlich als wunderbar im Sinne des Außernatürlichen und Unverantwortlich-Märchenhaften. Schon ihre autobiografische, bekenntnismäßige Form trägt dazu bei, dass ihr Anspruch auf Wahrhaftigkeit und Realität strenger als beim unper-
20 sönlich fabulierenden Märchen betont erscheint, und wenn es darauf ankäme, sie mit einem Gattungsnamen zu bestimmen, so wäre, meinen wir, der einer „fantastischen Novelle" zu wählen.

Thomas Mann: Chamisso (1911), in Thomas Mann: Adel des Geistes, Berlin (Ost) 1956, S. 36 f.

Dagmar Walach: „Peter Schlemihl" als absichtslos (1988)

Dagmar Walach fasst den jüngeren Forschungsstand zusammen und stellt die Gattungsfrage in Zusammenhang mit der Entstehung des Textes.

Seltsam, sonderbar, wunderlich – all diese Paraphrasierungen[2] des Wundersamen, wie es sich bereits im Titel der Geschichte ankün-

---

[1] Haltung, Gehabe
[2] Umschreibungen

digt, sind mit einem Ausdruck des Staunens verbunden. Und erstaunlich ist die Erzählung zweifellos, selbst nach ihrer äußerli-
chen Seite, der des Erfolgs. [...] Für „ein Märchen [...] *zu* geistreich",
wird späterhin Hermann August Korff[1] einwenden, den Mangel eines handfesten und eindeutigen Sinns beklagend. Anstößig wirkt
in jedem Falle die zuweilen in recht enge Affinität[2] zum Unver-
ständlichen bzw. Sinnlosen gesetzte Unausdeutbarkeit der Geschichte [...], die der Erzählung eigentümliche Ambivalenz[3] von
Fantastischem und Alltäglichem, von Unglaublichem und Wahr-
scheinlichem. Die gattungsspezifische Analyse hat dieses Verhältnis mit dem Namen der fantastischen Novelle, der Märchennovel-
le bzw. des Novellenmärchens, des Wirklichkeitsmärchens und
des romantischen Kunstmärchens belegt, um nur jene Begriffe
anzuführen, die in der wissenschaftlichen Diskussion virulent[4]
sind. Die Vielzahl der Gattungsbezeichnungen, die sich jeweiligen
Akzentverschiebungen verdankt, deutet zumindest auf eine Unsi-
cherheit gegenüber dem Phänomen des Fantastischen und seiner
Funktion im Werk. Tatsächlich gründet eine erste Schwierigkeit der
Interpreten in der unerwarteten Selbstverständlichkeit, mit der
Märchenhaftes und wirklich Glaubwürdiges, Fantastisches und Re-
alistisches die kleine, scheinbar so einfache Dichtung durchzie-
hen. [...] Nun ist für viele Werke der romantischen Literatur die
Einbindung von Wunderbarem, stärker noch: die Auszeichnung
des Märchenhaften vor der prosaischen[5] Alltagswelt, durchaus
Kennzeichen[6]; doch was dort poetisch-feinsinniges Kunstmittel
werden kann und es vielfach auch sein will, bescheidet sich hier in
erklärtermaßen unbeabsichtigter, ja zudem unangestrengter Her-
vorbringung. So jedenfalls Chamissos Bekenntnis in dem bekannten, wiederholt zurate gezogenen Brief an den Petersburger Staats-

---

[1] s. S. 110, Anm. 2
[2] Nähe
[3] Zwiespältigkeit
[4] wirksam, wichtig
[5] nüchternen
[6] etwa in den Texten von E.T.A. Hoffmann

rat Trinius aus dem Jahre 1829,[1] die Entstehungsgeschichte seines *Schlemihl* verallgemeinernd [...].

Die von Chamisso so nachdrücklich reklamierte Absichtslosigkeit gibt nicht etwa der Bescheidenheit des Dichters Ausdruck, son-
5 dern ist vielmehr Maxime seiner literarischen Produktion. [...] [Sie] artikuliert [...] Einspruch gegen artifizielle[2] Gebilde und Kunstma-nier, gegen insgesamt „künstliche Mache" (Volker Hoffmann[3]).

Dagmar Walach: Chamisso: Peter Schlemihls wundersame Geschichte. In: Interpretationen. Erzählungen und Novellen des 19. Jahrhunderts, Bd. 1, Stuttgart, 1987, S. 224–227

---

[1] s. S. 88, Anm. 1
[2] künstliche
[3] Volker Hoffmann (*1940), deutscher Literaturwissenschaftler und Cha-misso-Spezialist

8. Paralleltexte

Die große Popularität von „Peter Schlemihls wundersame Abenteuer"
spiegelt sich auch in der Tatsache, dass sich immer wieder andere Au-
toren mit eigenen Texten direkt auf die Erzählung bezogen haben. In
diesem Kapitel finden Sie zwei Beispiele.

E.T.A. Hoffmann: Die Abenteuer der Sylvester-Nacht (1815)

Hoffmann (s. S. 83) und Chamisso lernen sich im Herbst 1814 kennen,
zu der Zeit, als auch „Peter Schlemihls wundersame Geschichte" er-
scheint. Sie freunden sich rasch an. Hoffmann, begeistert vom „Schle-
mihl", schreibt im Winter 1814/15 in wenigen Tagen mit „Die Abenteuer
5 *der Sylvester-Nacht" eine in manchem ähnliche Geschichte: Im Rück-*
blick wird erzählt, wie der Deutsche Erasmus Spikher sich auf einer Reise
nach Italien unsterblich in Giuletta verliebt. Rasend vor Liebe bringt er
einen vermeintlichen Konkurrenten um und hinterlässt Giuletta sein
Spiegelbild. Ab da zieht er ruhelos ohne Spiegelbild durch die Welt. In
10 *einer Sylvesternacht trifft ihn der Erzähler in einer Kneipe in Berlin.*
Wie die anderen Erzählungen aus Hoffmanns Erzählsammlung „Fan-
tasiestücke in Callot's Manier"[1] wird die Erzählung von einem „reisen-
den Enthusiasten" herausgegeben. (Damit ist wohl E.T.A. Hoffmann
selbst gemeint.) In einem kleinen Vorwort zu der Erzählung schreibt
15 *der Herausgeber:*

Vorwort des Herausgebers

Der reisende Enthusiast, aus dessen Tagebuche abermals ein
Callot'sches Fantasiestück mitgeteilt wird, trennt offenbar sein inneres Leben so wenig vom äußern, dass man beider Grenzlinie
kaum zu unterscheiden vermag. Aber eben, weil Du, günstiger Le-
5 ser! diese Grenze nicht deutlich wahrnimmst, lockt der Geisterseher[2] Dich vielleicht herüber und unversehens befindest Du Dich in

---

[1] Jaques Callot (1592–1635), frz. Künstler, Schöpfer fantastischer und unheimlicher Kupferstiche
[2] In Anspielung auf Friedrich Schillers populären Roman „Der Geisterseher" (1787–89) wird auch der reisende Enthusiast als „Geisterseher" bezeichnet.

dem fremden Zauberreiche, dessen seltsame Gestalten recht in
Dein äußeres Leben treten und mit Dir auf Du und Du umgehen
wollen wie alte Bekannte. Dass Du sie wie diese aufnehmen, ja
dass Du ihrem wunderbarlichen Treiben ganz hingegeben, man-
5 chen kleinen Fieberschauer, den sie, stärker Dich fassend, Dir erregen könnten, willig ertragen mögest, darum bitte ich, günstiger
Leser recht von Herzen. Was kann ich mehr für den reisenden Enthusiasten tun, dem nun einmal überall und so auch am Silvester-
Abende in Berlin so viel Seltsames und Tolles[1] begegnet ist?

10 *Erzählt wird, wie der Ich-Erzähler, eben jener reisende Enthusiast, auf
einer Silvesterfeier bei einem Justizrat in Berlin Julie, eine Geliebte von
früher, wiedertrifft. Als sich im Wiederentflammen der Gefühle heraus-
stellt, dass diese mit einem grässlichen, froschäugigen Mann liiert ist,
verlässt der Erzähler fluchtartig, ohne noch Mantel und Hut anzule-
15 gen, die Feier und landet schließlich im Zentrum Berlins in einer Keller-
kneipe. Dort begegnet er neben dem Wirt und der Wirtin seltsamen
Gestalten ...*

Ich mochte ohne Hut und Mantel den Leuten etwas verwunderlich
vorkommen. Dem Manne schwebte eine Frage auf den Lippen, da
20 pochte es ans Fenster und eine Stimme rief herab: „Macht auf,
macht auf, ich bin da!" Beide, Mann und Frau, hinaus. Bald trat
diese wieder herein, zwei brennende Lichter hoch in den Händen
tragend, ihm folgte ein sehr langer, schlanker Mann. In der niedri-
gen Tür vergaß er sich zu bücken und stieß sich den Kopf recht
25 derb, eine barettartige[2] schwarze Mütze, die er trug, verhinderte
jedoch Beschädigung, dann kam der Mann hinterher, ebenfalls mit
zwei brennenden Lichtern. Der Fremde drückte sich auf ganz eigene Weise der Wand entlang und setzte sich mir gegenüber, indem
die Lichter auf den Tisch gestellt wurden. Man hätte beinahe „von
30 ihm sagen können, dass er vornehm und unzufrieden aussähe". Er
forderte verdrießlich Bier und Pfeife und erregte mit wenigen Zü-
gen einen solchen Dampf, dass wir bald in einer Wolke schwammen. Übrigens hatte sein Gesicht so etwas Charakteristisches und

---

[1] Verrücktes
[2] Barett: flache (runde oder eckige) Kopfbedeckung

Anziehendes, dass ich ihn trotz seines finstern Wesens sogleich lieb gewann. Die schwarzen reichen Haare trug er gescheitelt und von beiden Seiten in vielen kleinen Locken herabhängend, sodass er den Bildern von Rubens glich. Als er den großen Mantelkragen[1]
5 abgeworfen, sah ich, dass er in eine schwarze Kurtka[2] mit vielen Schnüren gekleidet war, sehr fiel es mir aber auf, dass er über die Stiefel zierliche Pantoffeln gezogen hatte. Ich wurde das gewahr, als er die Pfeife ausklopfte, die er in fünf Minuten ausgeraucht. Unser Gespräch wollte nicht recht vonstattengehen, der Fremde
10 schien sehr mit allerlei seltenen Pflanzen beschäftigt, die er aus einer Kapsel genommen hatte und wohlgefällig betrachtete. Ich bezeigte ihm meine Verwunderung über die schönen Gewächse und frug, da sie ganz frisch gepflückt zu sein schienen, ob er vielleicht im botanischen Garten oder bei Boucher[3] gewesen. Er lächel-
15 te ziemlich seltsam und antwortete: „Botanik scheint nicht eben Ihr Fach zu sein, sonst hätten Sie nicht so" – Er stockte, ich lispelte kleinlaut: „albern" – „gefragt", setzte er treuherzig hinzu. „Sie würden", fuhr er fort, „auf den ersten Blick Alpenpflanzen erkannt haben, und zwar, wie sie auf dem Tschimborasso[4] wachsen." Die letz-
20 ten Worte sagte der Fremde leise vor sich hin, und Du kannst denken, dass mir dabei gar wunderlich zumute wurde. Jede Frage erstarb mir auf den Lippen; aber immer mehr regte sich eine Ahnung in meinem Innern, und es war mir, als habe ich den Fremden nicht sowohl oft *gesehen* als oft *gedacht*. Da pochte es aufs Neue
25 ans Fenster, der Wirt öffnete die Tür, und eine Stimme rief: „Seid so gut, Euern Spiegel zu verhängen." – „Aha!" sagte der Wirt, „da kommt noch recht spät der General Suwarow[5]." Die Frau verhing den Spiegel, und nun sprang mit einer täppischen Geschwindigkeit, schwerfällig hurtig, möcht ich sagen, ein kleiner dürrer Mann
30 herein in einem Mantel von ganz seltsam bräunlicher Farbe, der,

---

[1] gemeint ist ein Umhang
[2] s. S. 5, Anm. 6
[3] ein damals vielbesuchter Gartenbaubetrieb
[4] Der Chimborazo ist der höchste Berg Ecuadors.
[5] Hier Spitzname für Erasmus Spikher (s. Einleitungstext). Alexander Suworow (1729–1800) war ein berühmter russischer Feldherr, der eine starke Abneigung gegen Spiegel hatte.

indem der Mann in der Stube herumhüpfte, in vielen Falten und
Fältchen auf ganz eigene Weise um den Körper wehte, sodass es
im Schein der Lichter beinahe anzusehen war, als führen viele Gestalten aus- und ineinander, wie bei den Enslen'schen Phantasma-
5 gorien[1]. Dabei rieb er die in den weiten Ärmeln versteckten Hände
und rief: „Kalt! – kalt – o wie kalt! In Italia ist es anders, anders!"
Endlich setzte er sich zwischen mir und dem Großen, sprechend:
„Das ist ein entsetzlicher Dampf – Tabak gegen Tabak – hätt' ich
nur eine Prise!" – Ich trug die spiegelblank geschliffne Stahldose in
10 der Tasche, die Du mir einst schenktest, die zog ich gleich heraus
und wollte dem Kleinen Tabak anbieten. Kaum erblickte er *die*, als
er mit beiden Händen darauf zufuhr und sie wegstoßend rief: „Weg
– weg mit dem abscheulichen Spiegel!" Seine Stimme hatte etwas
Entsetzliches, und als ich ihn verwundert ansah, war er ein andrer
15 worden. Mit einem gemütlichen jugendlichen Gesicht sprang der
Kleine herein, aber nun starrte mich das todblasse, welke einge-
furchte Antlitz eines Greises mit hohlen Augen an. Voll Entsetzen
rückte ich hin zum Großen. „Um's Himmels willen, schauen Sie
doch", wollt' ich rufen, aber der Große nahm an allem keinen An-
20 teil, sondern war ganz vertieft in seine Tschimborasso-Pflanzen,
und in dem Augenblick forderte der Kleine: „Wein des Nordens[2]",
wie er sich preziös[3] ausdrückte. Nach und nach wurde das Gespräch lebendiger. Der Kleine war mir zwar sehr unheimlich, aber
der Große wusste über geringfügig scheinende Dinge recht viel
25 Tiefes und Ergötzliches zu sagen, unerachtet er mit dem Ausdruck
zu kämpfen schien, manchmal auch wohl ein ungehöriges Wort
einmischte, das aber oft der Sache eben eine drollige Originalität
gab, und so milderte er, mit meinem Innern sich immer mehr be-
freundend, den übeln Eindruck des Kleinen. Dieser schien wie von
30 lauter Springfedern getrieben, denn er rückte auf dem Stuhle hin
und her, gestikulierte viel mit den Händen, und wohl rieselte mir
ein Eisstrom durch die Haare über den Rücken, wenn ich es deut-

---

[1] J.C. Enslen war Professor an der Akademie der Schönen Künste in Berlin
und führte mithilfe der Laterna magica sogenannte Nebelbilder auf.

[2] Bier

[3] gekünstelt

lich bemerkte, dass er wie aus zwei verschiedenen Gesichtern her-
aussah. Vorzüglich blickte er oft den Großen, dessen bequeme
Ruhe sonderbar gegen des Kleinen Beweglichkeit abstach, mit
dem alten Gesicht an, wiewohl nicht so entsetzlich, als zuvor mich.
5 – In dem Maskenspiel des irdischen Lebens sieht oft der innere
Geist mit leuchtenden Augen aus der Larve heraus, das Verwandte
erkennend, und so mag es geschehen sein, dass wir drei absonder-
liche Menschen im Keller uns auch so angeschaut und erkannt
hatten. Unser Gespräch fiel in jenen Humor, der nur aus dem tief
10 bis auf den Tod verletzten Gemüte kommt. „Das hat auch seinen
Haken", sagte der Große. „Ach Gott", fiel ich ein, „wie viel Haken
hat der Teufel überall für uns eingeschlagen, in Zimmerwänden,
Lauben, Rosenhecken, woran vorbeistreifend wir etwas von unserm teuern Selbst hängen lassen. Es scheint, Verehrte!, als ob uns
15 allen auf diese Weise schon etwas abhandengekommen, wiewohl
mir diese Nacht vorzüglich Hut und Mantel fehlte. Beides hängt an
einem Haken in des Justizrats Vorzimmer, wie Sie wissen!" Der
Kleine und der Große fuhren sichtlich auf, als träfe sie unversehens
ein Schlag. Der Kleine schaute mich recht hässlich mit seinem al-
20 ten Gesichte an, sprang aber gleich auf einen Stuhl und zog das
Tuch fester über den Spiegel, während der Große sorgfältig die
Lichter putzte. Das Gespräch lebte mühsam wieder auf, man erwähnte eines jungen wackern Malers, namens Philipp, und des
Bildes einer Prinzessin, das er mit *dem* Geist der Liebe und *dem*
25 frommen Sehnen nach dem Höchsten, wie der Herrin tiefer heili-
ger Sinn es ihm entzündet, vollendet hatte. „Zum Sprechen ähnlich[1] und doch kein Porträt, sondern ein Bild", meinte der Große.
„Es ist so ganz wahr", sprach ich, „man möchte sagen, wie aus
dem Spiegel gestohlen." Da sprang der Kleine wild auf, mit dem
30 alten Gesicht und funkelnden Augen mich anstarrend, schrie er:
„Das ist albern, das ist toll, wer vermag aus dem Spiegel Bilder zu
stehlen? – Wer vermag das? Meinst du, vielleicht der Teufel? – Ho-
ho Bruder, der zerbricht das Glas mit der täppischen[2] Kralle, und
die feinen weißen Hände des Frauenbildes werden auch wund und

---

[1] sehr ähnlich
[2] ungeschickten

bluten. Albern ist das. Heisa! – Zeig' mir das Spiegelbild, das gestohlene Spiegelbild, und ich mache dir den Meistersprung von tausend Klafter[1] hinab, du betrübter Bursche!" – Der Große erhob sich, schritt auf den Kleinen los und sprach: „Mache Er sich nicht
5 so unnütz[2], mein Freund! Sonst wird er die Treppe hinaufgeworfen, es mag wohl miserabel aussehen mit seinem eignen Spiegelbilde." – „Ha ha ha ha!" lachte und kreischte der Kleine in tollem Hohn, „ha ha ha – meinst du? Meinst du? Hab' ich doch meinen schönen Schlagschatten, o du jämmerlicher Geselle, hab' ich doch meinen
10 Schlagschatten!" – Und damit sprang er fort, noch draußen hörten wir ihn recht hämisch meckern und lachen: hab' ich doch meinen Schlagschatten! Der Große war, wie vernichtet totenbleich in den Stuhl zurückgesunken, er hatte den Kopf in beide Hände gestützt und aus der tiefsten Brust atmete schwer ein Seufzer auf. „Was ist
15 Ihnen? frug ich teilnehmend. „O mein Herr", erwiderte der Große, „jener böse Mensch, der uns so feindselig erschien, der mich bis hieher, bis in meine Normalkneipe[3] verfolgte, wo ich sonst einsam blieb, da höchstens nur etwa ein Erdgeist unter dem Tisch aufduckte und Brotkrümchen naschte – jener böse Mensch hat mich
20 zurückgeführt in mein tiefstes Elend. Ach – verloren, unwiederbringlich verloren habe ich meinen – Leben Sie wohl!" – Er stand auf und schritt mitten durch die Stube zur Türe hinaus. Alles blieb hell um ihn – er warf keinen Schlagschatten. Voll Entzücken rannte ich nach – „Peter Schlemihl – Peter Schlemihl!" rief ich freudig,
25 aber der hatte die Pantoffeln weggeworfen. Ich sah, wie er über den Gendarmesturm[4] hinwegschritt und in der Nacht verschwand.
Als ich in den Keller zurück wollte, warf mir der Wirt die Türe vor der Nase zu, sprechend: „Vor solchen Gästen bewahre mich der liebe Herrgott!" –

E.T.A. Hoffmann: Die Abenteuer der Sylvester-Nacht. Aus: E.T.A. Hoffmann: Fantasiestücke in Callot's Manier, Hrsg. Hartmut Steinecke. Frankfurt/M., 1993 (2006), S. 325, 333–337

---

[1] ein Klafter = ungefähr 1,80 m
[2] sich unnütz machen: sich beleidigt fühlen und sich deshalb zu aggressiv verteidigen
[3] die Kneipe, in die er üblicherweise geht
[4] der Turm einer der beiden Kirchen am Gendarmenmarkt in Berlin

Hans Natonek: „Der Schlemihl" (1936)

Hans Natonek, um 1930

Nach der Aberkennung seiner deutschen Staatsbürgerschaft und noch bevor er ins Exil flieht, verfasst der jüdische Schriftstel-
5 ler und Publizist Hans Natonek 1934 in Hamburg seinen Roman „Der Schlemihl", in dem er Chamissos Leben erzählt. Am Beispiel Chamissos und sei-
10 nes „Schlemihl" reflektiert er die Situation des Verstoßenseins aus dem Vaterland und das Elend der Heimatlosigkeit. Natonek, in der Weimarer Re-
15 publik einer der wichtigsten Journalisten, wird heute wiederentdeckt. Sie finden im Folgenden Informationen zu seinem Leben und einen Auszug aus seinem „Schlemihl"-Roman.

Steffi Böttger: Über Hans Natonek

geboren am 28. Oktober 1892 Königliche Weinberge bei Prag

gestorben am 23. Oktober 1963 in Tucson/Arizona

Journalist und Schriftsteller der Weimarer Republik, Exil seit 1934 in Prag, Paris und seit 1941 in den USA.

5 „Es gibt Leute, die aus Europa hinausgehen wie aus einem schlechten Film – er ist ausgelöscht, nicht der Rede wert."[1] Der Journalist und Schriftsteller Hans Natonek, 1892 geboren im damals habsburgischen Prag, konnte Europa nie vergessen. Seine jüdische Herkunft spielte für ihn keine Rolle und so ließ er sich 1917 in Leip-
10 zig taufen. In den 1920er-Jahren gelangen ihm mit zähem Fleiß

---

1 Hans Natonek, Letzter Tag in Europa. In: Hans Natonek, Letzter Tag in Europa. Gesammelte Publizistik 1933–1963. Hrsg. von Steffi Böttger. Leipzig: Lehmstedt Verlag 2013, S. 254

und Talent der Aufstieg zu einem der wichtigsten Journalisten Deutschlands, drei Romane erregten Aufsehen. 1928 wurde ihm die deutsche Staatsbürgerschaft zuerkannt. Aber 1933 begann für ihn die Katastrophe: Man entließ ihn als Juden aus der Redaktion
5 seiner Zeitung, im Jahr darauf wurde er ausgebürgert und 1935 erhielt er Berufsverbot. Da lebte er bereits seit einem Jahr in seiner alten Heimatstadt Prag. Aber auch Prag wurde von den Deutschen besetzt – im November 1938 floh er nach Paris. Wohin er sich auch wendete, die deutschen Truppen folgten. Ab Mai 1940 flüchteten
10 Tausende jüdische, demokratische oder linke Schriftsteller, Maler, Musiker quer durch Frankreich, in den Süden, der noch französisch regiert wurde. Dort warteten sie auf ein Schiff, das sie weg von Europa, auf einen sicheren Kontinent bringen sollte. Hans Natonek, dem die Flucht über die Pyrenäen bis nach Lissabon gelungen
15 war, konnte im Januar 1941 den Hafen von New York erreichen. Hier, mit vier Dollar in der Hand und nur sehr mangelhaften Kenntnissen der englishen Sprache, schlug er sich als Schneeschipper und Leichenwäscher durch. Hans Natonek kehrte nie in seine Heimat zurück und begann im Alter von 50 Jahren auf Englisch zu
20 schreiben. Aber immerhin kreisten seine Gedanken um Europa, die deutsche Katastrophe und die Fremdheit in der neuen Heimat, 1963 starb er, von den deutschen Lesern vergessen, in der Wüstenstadt Tucson im US-Bundesstaat Arizona. [...]

Originalbeitrag von Steffi Böttger

Hans Natonek: Tarnkappe (aus: „Der Schlemihl")

In dem folgenden Auszug schildert Natonek eine Begegnung zwischen Chamisso und Eduard Hitzig (s. S. 81). Ende September 1807 kehrt Chamisso von einem knapp einjährigen Aufenthalt bei seinen Geschwistern in Frankreich nach Berlin zurück. Sein Freund Hitzig, der
5 *Verleger, zeigt Chamisso seine Druckplatten, in denen die Taten des antinapoleonischen Freiheitskämpfers Schill verherrlicht werden. Chamisso warnt ihn vor den damit verbundenen Gefahren.*

Hitzig schloss die Platten und Abzüge wieder weg. „Das allein ist es nicht ... oder vielmehr, etwas ganz anderes ist es, woraus du

Mut und neuen Glauben schöpfen sollst." Eine neue Geheimsache
flackerte in seinem Blick und machte seine Worte stocken: „Ich bin
von Geburt so wenig ein Deutscher wie du; wenn ich, ein Fremdling in diesem Land, mit ihm eins werden konnte, dass ich sein
5 Leid fühle, als wär's das meiner Kinder – sie seien gesegnet – wenn
dieses Land den Fremdling ganz zu dem Seinen machte, warum,
mein Adelbert, sollst auch du nicht aus der Kraft des Geistes und
des Willens deine nackten Wurzeln ganz tief in diese karge Erde
schlagen ... eines Tages?!"
10 Er zog Chamisso in die Sofaecke. „Vielleicht kann dir meine Geschichte nützen; es ist die Fabel vom Leid der Heimatlosigkeit.
Wäge dann ab, ob dein oder mein Los schwerer ist, echter und
älter dein oder mein ‚Ring' ... Chamisso war erstaunt über den
veränderten Ton und das dunkle Sinnen in dem Gesicht, das er
15 so noch nicht gesehen hatte. Was sollte der Anklang an die Ring-
fabel Nathans[1]? – „Meine Vorfahren waren heimatlos, wie du es
bist, mein Adelbert; noch mein gottseliger Vater, der sich in Potsdam niederließ, war gerade nur geduldet." Er lächelte. „Ja, wir
sind durch die Schule von Potsdam gegangen. Wir hatten nichts
20 mehr zu verlieren, und das geringste Heimatrecht, das man uns
gab, war Gewinn. Du hast es schwer, andere hatten es schwerer
... Unsere Urväter wurden durch den Druck stark, listig, zäh, und
mein Vater nützte unter schon gebesserten Umständen die so
entwickelten Verstandeskräfte und brachte es zu großem Reich-
25 tum. Der jahrtausendalte Hass, der uns alles genommen hat, ist
nun durch die begnadeten Jahre der Aufklärung und Humanität
in seine dunklen Schlupfwinkel zurückgetrieben." Er atmete tief.
„Ich selbst konnte schon, frei von Zwängen und Vorurteilen, in
Göttingen und Halle studieren. Mein Stubengefährte war der
30 Sohn des Kantors Baruch Loeb, du kennst ihn auch, unseren Neander[2], den christlichen Theologen, den Gott ausersehen hat, ein

---

[1] In der Ringparabel in Lessings Theaterstück „Nathan der Weise" stehen
drei Ringe für drei Religionen, die muslimische, jüdische und christliche.
[2] August Neander (1789–1850), evangelischer Theologe jüdischer Herkunft

makelloses Gefäß der Evangelien[1] zu sein. Durch ihn wurde ich zum ersten Mal von der christlichen Religiosität berührt. [...] Für mich war die ewige Wanderschaft zu Ende; ich kehrte heim." Chamisso fühlte das Zittern der Hände, die die seinen hielten, bis
5 in die innerste Seele. Ganz anders sprach er jetzt, als vorhin über Schill[2] und Napoleon; man spürte, dass es um seine ureigenste Sache ging.

„Ich folgte alsbald dem Beispiel Neanders und empfing die heilige Taufe. Bald darauf nahm ich eine Christin zur Frau." Hitzig stieß
10 die Worte hervor, benommenen Atems, wie etwas, das einen lange bedrückt hat. „Mein Vater, wiewohl gesetzestreu, hat sich nicht von mir abgewandt, so wenig wie Moses Mendelssohn von seiner Tochter Dorothea[3]. Er hat geweint, wie Väter weinen, wenn sie den Sohn das alte Haus verlassen sehen. Aber in der Gemeinde wurde
15 der Fluch der Ausstoßung über mich ausgesprochen, mit jenem alttestamentlichen Rachegrimm, der mich und meine damals noch ungeborenen Kinder treffen soll. Nun denn, es gibt nicht nur ein Judentum als Schicksal, vor dem ich mich in Ehrfurcht beuge, sondern auch ein Judentum als Beruf, und das mag ich nicht. Das
20 Gebet des wahrhaft Frommen – Dein Wille geschehe – ist anders, und kein Chasside[4] würde den Fluch herabbeten, denn das Gebet des religiösen Menschen – so hat es mir auch Neander gedeutet – ist nicht ein bittendes und schon gar nicht ein forderndes, sondern ein fragendes."

---

[1] die vier Bücher des Neuen Testaments, in denen die Geschichte Jesu erzählt wird
[2] Ferdinand Baptista von Schill (1776–1809), Anführer von Freikorpseinheiten im Kampf gegen Napoleon
[3] Dorothea Mendelssohn (1764–1839), Tochter des jüdischen Aufklärers und Lessing-Freundes Moses Mendelssohn, trat 1804 zum Protestantismus über; Ehefrau des romantischen Autors Friedrich Schlegel.
[4] Strenggläubige, v. a. in Mittel- und Osteuropa verbreitete jüdische Glaubensrichtung, gegründet von Baal Schem Tow (ca. 1700–1760). Mit der Vernichtung der osteuropäischen Juden durch den Nationalsozialismus wurde der Chassidismus beinahe ausgelöscht. Berühmt geworden sind beispielsweise die von Martin Buber herausgegeben chassidischen Geschichten.

In diesem Augenblick brach ein fröhlicher Lärm aus, Kinderge-
schrei, Treppengetrappel, ein Krähen von Stimmen, als wäre ein
neuer Tag angebrochen. Die Hitzig'schen Kinder, die eigenen und
die in Obhut genommenen dazu, waren vom Spaziergang zurück-
5 gekehrt. Über Hitzigs Gesicht, das ein Berliner Normalgesicht war,
flog ein glückliches Leuchten. Er wies in die Richtung des Kinder-
zimmers. ,,Auch um ihretwillen ist es gut ... Sie sollen ganz aufge-
hen in einem Volk, in das sie hineingeboren wurden, sie sollen alles mit ihm teilen, auch die Religion. An keine andere Rückkehr
10 kann ich glauben. Es ist durch Schicksalsspruch einer fast zweitau-
sendjährigen Geschichte entschieden: Aufgelöst sollen wir sein,
dahingegeben und verloren, um ein neues Heil zu gewinnen. Zu
Ende die Fabel vom ewigen Juden, Ahasver[1] soll sterben, diese Fi-
gur des Schreckens und des Ärgernisses, die sich die Völker mit
15 unbarmherzigen Schlägen aus dem zähen jüdischen Herzen ge-
hämmert haben ... Es ist genug. Wer so viel Leidenspassion erlebt
hat wie der Jude, der ist schon durch sie im Wesen ein Christ. Ich
bin nicht vermessen genug, zu sagen: So will es Gott und das ist
der Weg aller Judenheit, die in der Mitte fremder Völker lebt. Ich
20 sage nur: Dies ist mein Weg und Glaube. Wer nicht ganz und unbe-
dingt Jude ist, der ist es besser gar nicht. Konsequenter wäre es
immerhin, als ,liberaler Jude', als ein ,deutscher, englischer, französischer Jude' zu sein, als einer der vielen lauen ,Bisschen-Juden'.
Wenn ich falsch gegangen bin, wird mir und denen nach mir noch
25 die Antwort werden; und wenn auch diese Antwort falsch ist, wird
auch ihre Korrektur nicht ausbleiben."
[...] Mit andern Augen sah [Chamisso] jetzt den Freund an, sein
Haus, sein Tun, seine Ehe mit Henriette: Hitzig hat sich und seinen
Kindern eine Heimat begründet, er hat sein besonderes Schicksal
30 aus der Machtvollkommenheit der Seele und des Geistes über-
wunden, – wohl ihm. Mit ihm verglichen bin i c h der ,,Nirgend-
wo", der ahasverische Jude. [...]
,,Innerlich bin ich im Reinen", fuhr Hitzig erleichtert und mit jener
Heiterkeit fort, die man nach Erklimmung einer schwierigen Höhe
35 gewinnt, ,,aber mein Verhältnis zur Umwelt ... Bald nach der Taufe

---

[1] sagenhafte Gestalt des „ewigen Juden", der ewig auf Wanderschaft ist

wurde ich preußischer Regierungsassessor; von den paar Hämlin-
gen[1], die meinen Übertritt zum Christentum mit der Staatsanstel-
lung in Verbindung brachten, will ich nicht reden. Es genügt mir, zu
wissen, dass ich durch innere Motive längst vorbereitet war, als im
5 Nachhinein noch ein äußeres dazukam. Ich habe den ,gelben
Fleck'[2] nicht deshalb aus meinem Ärmel geschnitten, dass man
höhnisch und hinterrücks mit dem Finger auf die leere Stelle zeige
und sie heimlich markiere; und solches widerfährt mir auch nicht,
es sei denn von einigen jüdischen Mitbürgern. Nicht mein Herz
10 verleugne ich, wohl aber verberge ich die äußere Gestalt eines besonderen Schicksals, das ich in ein allgemeines habe einmünden
lassen. Sag mir, ist die Tarnung etwas Unwürdiges und Schimpfli-
ches? Sehen wir nicht überall in der Natur die Tarnung der Schwa-
chen und Bedrohten vor den Bedrohern? Ist die Anpassung durch
15 die Schutzfarbe nicht ein ebenso legitimer Naturprozess wie jeder
andere? Aber nicht nur im Naturbereich der Instinkte, auch im
geistigen Bezirk des Mythos und der Fabel ist die Tarnkappe zu-
ständig als Ausdruck anonymen Wirkens, das wohltätig sein kann
wie die unsichtbare Emsigkeit der Heinzelmännchen im Märchen.
20 Ich weiß sehr wohl, die Tarnung durch Anpassung ist nur ein Übergang, und das Ziel ist die völlige Absorption des ältesten Blutes.
Was hier so theoretisch klingt, wird an meinen Kindern schönste
Wirklichkeit; sie werden nicht mehr in leidender, leidiger Problema-
tik schwanken zwischen dem Stolz oder dem Schimpf, Jude zu
25 sein, je nachdem, wie die Umwelt sie aufnimmt."
Möge er recht behalten, dachte Chamisso und wusste nichts zu
sagen. Aber deine Tarnkappe, guter Ede, hält nur so lange dicht
und lässt dich nur so lange anonym sein, wie deine Umwelt es will
und aus rücksichtsvoller Schonung so tut, als ob ... Du bist wie ei-
30 ner, der sich für unsichtbar hält, und jeder sieht ihn, – dann wäre
deine Tarnkappe nichts als eine Narrenkappe, die dich erst recht
kenntlich macht, – eine tragikomische, liebenswerte Märchensitu-

---

[1] vgl. hämisch
[2] im Mittelalter vorgeschriebene Kennzeichnung von Juden; gelbes Stoff-
     stück, das in Brusthöhe auf der Kleidung getragen werden musste; Vor-
     läufer des Judensterns im Nationalsozialismus

ation. ‚Ach, wie gut, dass niemand weiß, dass ich Rumpelstilzchen heiß'. Und hinter deinem Rücken stehen Tausende, haben es gehört und lachen sich eins und wissen, wie du heißt ... Itzig; und vielleicht werden sie hinter dir oder deinen Enkeln den verschwiegenen Namen herrufen, wie hinter der huschenden Gestalt deiner Väter[1]. Ein Windstoß kann dir die Tarnkappe vom Kopfe reißen, und was dann, armer Eduard? Dann erst, vor dem nackten Antlitz der wieder enthüllten Fremdheit und uralten Leids erweist sich die echte Güte und der menschliche Adel. Möge dich und die Deinen die Tarnkappe schützen, oder besser noch der Eine große Gott, der Christen und Juden schuf.

Wie ein lang nachhallendes Echo, von vielen Wänden zurückgeworfen, war die Nachwirkung dieses Gesprächs. In seinem Illusionismus hatte Hitzig dem heimatlosen Freund durch sein eigenes Exempel zeigen wollen, dass man werden kann, was man von Geburt nicht ist, dass man das mystische Siegel des Bluts durchbrechen kann, und dass im langsamen Umwandlungsprozess die Natur selbst die neue Gestalt bestätigt. Das Märchenhafte, fast Unmögliche dieses Schicksals war ihm verwandt. Aber seine irdische, immer noch sehr geliebte Heimat war ganz nahe, im Raum wie in der Zeit, sehr lebendig, überlebendig sogar, noch frisch der Schmerz des Verlustes, und sein Vaterland war – das komplizierte Chamissos Fall – der Bedrücker seiner zweiten Heimat. Kann man seinen Ursprung abtun, grübelte er, die ‚geprägte Form' sprengen, wie Hitzig? ‚Geprägte Form', das war goethisch[2]. Aber milderte der gleiche Goethe nicht dieses strenge Gesetz, indem er nicht nur

---

[1] Vgl. Biografie Hitzigs S. 81. „Itzig" gehörte traditionell in der antisemitischen Propaganda zu den die Juden verächtlich machenden Schimpfwörtern, so auch während des Nationalsozialismus.

[2] S. Goethes Gedicht „Daimon": „Und keine Zeit und keine Macht zerstückelt/geprägte Form, die lebend sich entwickelt." Das Gedicht wurde 1820 erstmals veröffentlicht, also eigentlich erheblich nach dem hier dargestellten Gespräch.

dem „Angeborenen", sondern auch dem „Erworbenen" sein Recht gab an der Prägung des Menschseins?[1] -

Hitzig sah Chamissos leichteren Fall fast mit gutmütigem Spott; so mag einer aus der Erfahrung tausendjährigen Leids ein Kind anblicken, das mit einem blauen Auge davongekommen ist. „Ach du ... Graf von und zu Boncourt, fahrender Ritter zwischen den beiden kampfverschlungenen Brüdern, bild' dir doch nichts Ahasverisches ein, und nur weil du das eine entbehrst, wenn du das andere hast, bist du Schlemihl." ...

„Was ist das, Schlemihl?"

„Vielleicht ein kleiner komischer Vetter Ahasvers. Ein Hans im Glück und Unglück, der spät erst klug wird. Ein Pechvogel, über dem Gott seine Hand hält."

Hans Natonek: Der Schlemihl, Amsterdam 1936, S. 136–142

---

[1] Vgl. Goethes Aphorismus: „Nicht allein das Angeborene, auch das Erworbene ist der Mensch."

9. „Chamisso-Autoren"

Seit 1985 verleiht die Robert Bosch Stiftung mit der Bayerischen Akademie der Schönen Künste in München zusammen jährlich den Adelbert-von-Chamisso-Preis. Mit diesem Preis werden herausragende literarische Leistungen deutsch schreibender Autorinnen und Autoren nicht deut-
5 *scher Muttersprache ausgezeichnet. Die Anregung, diesen Preis einzurichten, geht auf den deutschen Romanisten und Sprachwissenschaftler Harald Weinrich zurück. Dieser stellte 2002 in einem Vortrag Chamisso und die Chamisso-Autoren in den Kontext der Globalisierung:*

Harald Weinrich: Chamisso und die Chamisso-Autoren

Wenn im Folgenden von Chamisso-Autoren die Rede ist, so sollen jene Schriftstellerinnen und Schriftsteller gemeint sein, die – wie Adelbert von Chamisso – ihr literarisches Werk in der ihnen ursprünglich fremden Sprache Deutsch verfasst haben. Diesen Sach-
5 verhalt kann man von verschiedenen Seiten betrachten. Unübersehbar ist zunächst, dass die Chamisso-Autoren, wenn sie aus Gründen, die von Fall zu Fall sehr unterschiedlich sein können, die deutsche Sprache als ihre Literatursprache gewählt haben, auf manche Bequemlichkeiten des Schreibens in der Muttersprache
10 verzichtet und die Erschwernisse einer als Zweit- oder Drittsprache erlernten Fremdsprache auf sich genommen haben. Sie haben damit einen mühsameren Weg gewählt, der wohl in allen Fällen eine Verlangsamung des Schaffensprozesses mit sich bringt.
Das zeigt auch schon die Lebensgeschichte Adelbert von Chamis-
15 sos an. Der Grafensohn Charles Louis Adelaïde Chamisso de Boncourt wurde – zunächst ohne jede literarische Lebensperspektive – auf der Burg seiner Vorfahren in der Champagne[1] geboren. Die Französische Revolution hat ihn in frühen Jugendjahren nach Deutschland verschlagen, wo er nach ersten Schreibversuchen in
20 französischer Sprache bald Deutsch als seine Literatursprache angenommen hat. So ist er mit seinem „Peter Schlemihl" und seinen Gedichten ein deutscher Dichter, ja sogar ein Klassiker der deutschen Literatur geworden.

---

[1] Provinz im Nordosten Frankreichs

Einen Augenblick jedoch! Ganz so glatt und reibungslos ist das literarische Leben für diesen Autor nicht verlaufen. Hat er denn wirklich in der Sprache seiner literarischen Wahl, wie man es bei einem klassischen Autor vielleicht erwarten darf, eine vollkommene
5 Sprachkompetenz erworben? Davon kann nicht in jeder Hinsicht die Rede sein. So wissen wir beispielsweise aus vielen zeitgenössischen Quellen, dass er sein Deutsch zeitlebens mit einem ausgeprägten französischen Akzent gesprochen hat. Deutsch zu zählen und zu rechnen, hat er nie richtig gelernt. Auch sind die Stilfor-
10 scher bei genaueren Analysen seiner deutschen Prosa darauf aufmerksam geworden, dass Chamisso seinen deutschen Prosastil nicht selten den strengeren Regeln der französischen Syntax unterworfen hat, was bei einem deutschen Klassiker eher ungewöhnlich ist.
15 Chamisso hat sich also als deutscher Autor fremder Herkunft, sagen wir als Chamisso-Autor, einer ständigen Anfechtung und Herausforderung durch seine Zweisprachigkeit ausgesetzt. In seine sprachliche Routine hat sich wohl immer ein gewisses „Fremdeln" eingemischt, von dem nun andererseits auch gewiss jener beson-
20 dere Sprachreiz ausgeht, durch den sich seine Literatursprache ästhetisch auszeichnet. Ich brauche in diesem Zusammenhang nur daran zu erinnern, dass einige Literaturkritiker [...] ein gewisses Maß an Verfremdung [...] zu den elementaren Bedingungen der „Poetizität"[1] gerechnet haben. Das wiederum hat seinen einfa-
25 chen Grund in den Gesetzen des Spracherwerbs. Im Gegensatz zur Erstsprache, die wir, wie man zu sagen pflegt, „mit der Muttermilch einsaugen", ist jede weitere Sprache, die wir als Fremdsprache erlernen, dem Sprachbewusstsein tributpflichtig, was zu komplizierteren Bewusstseinslagen und dadurch zu einer nicht selten
30 heilsamen Verlangsamung des Schaffensprozesses führt. Heilsam nenne ich diese Verlangsamung deshalb, weil die Literatursprache auf diese Weise die größere Chance erhält, beim literarischen Schaffensprozess mitzudenken und nicht in der Routine des alltäglichen Sprachgebrauchs aufzugehen. Daher stehen die

---

[1] das, was einen literarischen Text ,poetisch', also literarisch verdichtet, vieldeutig, sprachlich originell usw. macht

Chamisso-Autoren vielleicht, wenn sie bisweilen auch nach vielen Jahren in deutschsprachiger Umgebung noch fremdeln, dem Geist der Literatur um ein gewisses Maß näher als manche einheimische Autoren, die ihre Verfremdungen willentlich erzeugen müssen.

Ein in mancherlei Hinsicht vergleichbares Bild ergibt sich, wenn inhaltlich-thematische Gesichtspunkte in die Überlegungen einbezogen werden [...]. Einzuräumen ist zunächst, dass Chamisso-Autoren gegenüber den einheimischen Schriftstellern mit dem uneinholbaren Rückstand leben müssen, dass sie ihre Kindheit und Jugend in einer anderssprachigen Umwelt verbracht haben. Es fehlt ihnen daher in der deutschen Sprache eine bestimmte Erfahrungstiefe, die man früher mit dem Wort „Gemüt" einzufangen versucht hat. Dem steht aber auf der Seite der Chamisso-Autoren als deren spezifische Mitgift eine vertiefte Erfahrung erlebter Andersheit und Fremdheit gegenüber, die ihnen nicht selten schmerzhaft eingebrannt ist. So können uns manche Chamisso-Autoren, wenn sie diese Erfahrungen in die Literatur einbringen, weiter aus unseren routinierten Gewohnheiten herausreißen, als wir es von einheimischen Autoren in der Regel erwarten können. Die Summe dieser literarisch vermittelten Andersheiten und Fremdheiten lässt sich vielleicht mit dem Wort „Welt" bezeichnen [...].

Es bietet sich an, diese Überlegungen zunächst wieder am Leben und Werk Adelbert von Chamissos zu überprüfen. Dieser Chamisso-Autor, wenn ich ihn weiterhin so nennen darf, hat zunächst als Franzose seine spezifische Fremdheit mit nach Deutschland gebracht. Was das in der damaligen Zeit bedeutet hat, kann man heute am besten dann ermessen, wenn man bei Madame de Staël nachliest, wie diese Französin in ihrem viel gelesenen Buch *De l'Allemagne* (1813) das Land jenseits des Rheins als Fremdland schlechthin beschrieben hat. Man darf daher Chamissos unsterbliche Geschichte von Peter Schlemihl als dem Mann, der seinen Schatten verkauft hat, als eine Parabel der Fremdheit lesen, da der Protagonist nach Thomas Manns eindringlicher Exegese[1] des Textes ein Unglücklicher ist, der mit seinem Schatten alle bürgerliche

---

[1] Textauslegung

„Solidität" eingebüßt hat. Es ist aber weiterhin bemerkenswert, dass dieser Held oder Antiheld, der trotz aller Anstrengungen den leichtsinnig verspielten Schatten nicht wiedererlangt, zwar heimat-los bleibt, dennoch aber ein neues und interessantes Leben führen
5 kann, bei dem er mit dem märchenhaften Attribut seiner Sieben-meilenstiefel die ganze Welt durchmisst und dabei als Wissen-schaftler und „Feldforscher" ihre Fremdheiten erkundet.

Kaum hat nun Adelbert von Chamisso auf diese Weise im Jahre 1814 seinen literarischen Ruhm begründet, da gibt er dem Schluss-
10 motiv seiner Geschichte auch lebensgeschichtlich ein eigenes Ge-wicht dadurch, dass er selber als Naturwissenschaftler auf einem russischen Segler zu einer mehrjährigen Weltreise in den pazifi-schen Raum aufbricht. Von nun an gilt der Verfasser des „Schle-mihl" auch wissenschaftlich als Kenner des Fremdesten, das ein
15 Europäer sich zu damaligen Zeiten an Fremdheiten in der Welt vorstellen konnte. Ist es wohl bei einem solchen *curriculum vitae*[1] berechtigt, Chamisso einen Vorläufer der Globalisierung zu nen-nen?

Harald Weinrich: Chamisso, die Chamisso-Autoren und die Globalisierung. Stuttgart, 2002, S. 7 – 10

Marjana Gaponenko: Wer ist Martha? (2012)

*Marjana Gaponenko (*1981 in Odessa) ist eine ukrainisch-deut-sche Schriftstellerin, die seit 1996 auf Deutsch schreibt. Sie lebt in-*
5 *zwischen in Mainz und Wien. Für ihren zweiten Roman „Wer ist Martha?" (2012) wurde sie 2013 mit dem Chamisso-Preis ausge-zeichnet.*
10 *In ihrem Roman erzählt Marjana Gaponenko die Geschichte des 96-jährigen Ornithologen Luka Le-*

---

[1] Lebenslauf

wadski aus der Ukraine. Als ihm in Kiew ein Lungenkrebs diagnostiziert wird, bricht er nach Wien auf, steigt im noblen Hotel „Imperial" ab und trifft verschiedene Menschen ...
Der folgende Textausschnitt beschreibt Lewadskis Ankunft in Wien.

5 Am 6. November 2010 landete Lewadski in Wien. Es war Samstag und kurz nach vier. „Zum Hotel Imperial", sagte er mit brechender Stimme zum Kobrarücken des Taxifahrers.

„Oh, Imperial", sagte der Taxifahrer, mit seiner Lederjacke knirschend, „wissen Sie, dass es das beste Hotel der Stadt ist?"

10 „Ich weiß", sagte Lewadski und spürte sein Herz an die Pforten des Hirns klopfen.

„Wie lange bleiben Sie da?"

„Ich weiß es nicht."

„Unsere Sprache sprechen Sie aber sehr gut!" Das Lob aus dem

15 Mund des pechschwarzen Mannes brachte Lewadski zum Lachen.

„Woher kommen Sie?", fragte er Lewadski mit hartem Akzent.

„Aus dem Osten." Lewadski machte eine Pause. „Aus der Ukraine." Es fiel ihm auf, dass er log. Er log, obwohl er die Wahrheit sagte. Im politischen Sinn kam Lewadski tatsächlich aus der Ukra-

20 ine, das stand schwarz auf weiß in seinem Pass, doch historisch gesehen kam er aus zwei Utopien: aus Österreich-Ungarn und der Sowjetunion. Nach Lüge schmeckte einzig und allein die Erkenntnis, dass Lewadski zwei Staatssysteme überlebt hatte.

„Die Ukraine kenne ich", sagte der Taxifahrer, „ich habe in Deutsch-

25 land Nachrichtentechnik studiert, mein Mitbewohner kam aus Kiew. Er hieß Petro und aß morgens immer saure Gurken, um seinen Kater in den Griff zu kriegen. Er scherzte gerne. Zum Beispiel sagte er, wenn ich mich am Kopf kratzte: nicht kratzen – waschen!" Lewadski brach in ein dreckiges Lachen aus und bat sofort um Ent-

30 schuldigung. „Ja, Petro war lustig ..."

„Haben Sie noch Kontakt mit ihm?" Der Taxifahrer schüttelte den Kopf. Sein schwarzes Gesicht im roten Licht der Ampel schimmerte violett. „Er ist tot. Erfror besoffen auf einer Parkbank im Winter."

„Oh", sagte Lewadski.

35 „Ja", sagte der Taxifahrer. „So etwas wäre ihm an der Elfenbeinküste nicht passiert. Da komme ich her."

Lewadski wurde der Taxifahrer mit jeder neuen Ampel sympathischer. Er hätte ihn gerne bei Tageslicht betrachtet. „Wie finden Sie unsere Sprache?", fragte der Taxifahrer mit rollendem R.

„Welche Sprache?"

5 „Die deutsche Sprache", lachte der Taxifahrer. Schön. Lewadski finde sie sehr schön und romantisch. Der Taxifahrer drehte sich rückenschonend um, seine Lederjacke knirschte gewaltig. „Wissen Sie, das ist das erste Mal, dass ich von jemandem höre, die deutsche Sprache sei schön. Ich freue mich, weil ich es genauso sehe."

10 „Das freut mich", sagte Lewadski. Er hätte sich gerne weiter über die Schönheit der deutschen Sprache unterhalten, doch er sagte nichts. Er schwieg und genoss die aufsteigenden Blasen der Freude, genoss es, mit einem besonderen Menschen unter einem Autodach zu sitzen, einem schwarzen Taxifahrer, gebürtigen Ivorer[1],

15 studierten Nachrichtentechniker, der die deutsche Sprache gepachtet hatte. Lewadski lächelte im Dunkel des Taxis.

„Was halten Sie von der EU?", wollte der Mann von der Elfenbeinküste wissen.

„Die EU ist ein Segen. Zugvögel, zum Beispiel, waren schon immer

20 echte Europäer."

„Das ist toll", sagte der Taxifahrer. „Toll", wiederholte er leise, als hätte er eben ein Staatsgeheimnis anvertraut bekommen und dessen Bedeutung begriffen.

Lewadskis Trinkstock stieg wie zarter Huf aus dem Taxi, ihm folgte

25 etwas plumper Lewadski selbst. Ein livrierter Hotelpage verschwand mit Lewadskis Koffer durch eine Seitentür. „Auf Wiedersehen!", Lewadski winkte dem Taxifahrer zu. Eine Kette aneinandergereihter Leuchtkäfer flammte im Dunkel der Autokabine auf.

„Alles Gute!", rief ihm der Taxifahrer zu, „ein Vivat den Vögeln!"

30 Lewadski trat lächelnd durch die Drehtür in die Hotellobby.

„Für mich wurde ein Zimmer reserviert. Lewadski ist mein Name. Luka Lewadski."

Marjana Gaponenko: Wer ist Martha?, Berlin 2012, S. 84–86

---

[1] Bewohner der Republik Elfenbeinküste

Feridun Zaimoglu: Kanak Sprak (1995)

Feridun Zaimoglu wurde 1964 in der Türkei geboren. 1965 kam er mit seinen Eltern nach Deutschland. Er lebt in Kiel. 2005 wurde Zaimoglu mit dem Chamisso-Preis ausgezeichnet.

In „Kanak Sprak. 24 Misstöne vom Rande der Gesellschaft" (1995) versammelt Zaimoglu 24 Texte, die aus Interviews mit jungen Deutschtürken entstanden sind. Zaimoglu hat diese Texte bearbeitet, wie er sagt „nachgedichtet", um „ein in sich geschlossenes, ‚authentisches' Sprachbild" zu schaffen.

Den Fremdländer kannst du nimmer aus der Fresse wischen

Akay, 29, vom Flohmarkt

Klar hab ich was anzubieten, was feines noch dazu, aber nicht, wie der dumme rest, schimmelmarok oder roten libanesen oder was auch immer die verscherbeln, wenn's um's abzocken geht, muss ja jeder sehen, wo er bleibt, illegal is nur auf die länge'n bisschen knechtmaloche, und wenn der gendarm dir auf den fersen ist, bist du pur zombie, weil du ja krumm bist und immer schön an der wand klebst, bevor der handel in die gänge kommt, und's geschäft blüht und rankt bis zum großen bang. Die cashen dich, so sicher wie'n amen ist das, da kannst du die eier verwetten, dass du dich mit deiner scheiße ins olle aus kickst. Also, ich für meinen teil hab mir die show angekiekt und mir gesagt: zu heiß, joker, das bist du

nicht, da mach man schön artig 'n bogen drum. Die männeken
haben zwar gold, wo der blick auch hinfällt, und haben's nie so
recht nötig, die olle zeche zu prellen, da die mit'm ganzen bündel
zur hand sind, aber, siehst du, da ist alles wie inzucht, oder wenn
5 einer kies macht mit 'n paar stuten im stall, die er denn für sich
laufen hat, aber, mann, ich biet meine eigene kraft an, die der all-
mächtige mich mit der muttermilch schlabbern ließ, und die kraft,
mann, ist ne ureigne bravour: vom meister nimmt das greenhorn
erst mal das olle handwerk, der muss doch erst mal drauf kom-
10 men, dass meinetwegen s' holz so ne struktur hat, also ne eigne
prägung mitgeliefert bekam, als es noch nicht mal 'n toter wurzel-
knoten war, da tief im erdgeschoss ohne ne spur licht am räkeln
war, und die erdkrumen zogen an seinen winkeln und zipfeln, und
da ging ihm auf, was so drin ist an ureigenster herrlichkeit, also hat
15 dieser fliegenschiss sich gesagt: ich nehm mein kapital und mach
ne fette investition. Hier unten ist's zum erbarmen, wenn ich
aber'n zu flotten zahn drauflege, bin ich bald'n knorriger ast und
hab echt die arschkarte gezogen. Kumpel, ich seh mich auch wie
so'n oller mickriger insektenschiss, der nur tüchtig in den kopp
20 kriegen muss, was sache ist, ich bin ja nicht hirndämlich, und
wenn mir's geschehen um mich rum so richtig einleuchtet, zieh ich
los, ganz für mich, und such die kleine nische, wo's mich nicht
sonderlich friert und wo ich ne decke nach maß hab, dass ich mich
nicht nach miesem geschäft umlugen brauch, denn so'n mieses
25 geschäft ist auf lange sicht echt für'n arsch, und da kommt noch
vor gottes angesicht ne andre wahrheit zu: hinter jedem ollen
busch ne psychofalle. Hinter jeder straßenecke einer, der hasst,
weil'n olivenkern im dickdarm hakt oder seinem hermann die
richtige länge fehlt. Weiß der teufel, was all den weichhirnis fehlt
30 und nicht richtig tickt, sicher ist, dass die schon 'n eigenes volk von
spinnern bilden, ich meine, die haben tüchtig an zahl zugelegt,
und man kann die spinnerten typen überall lungern sehen, 'n wich-
tiger lebensdraht ist wohl oberschlimm durchgebrannt, und deren
mundwinkel hängen wie tote hundepfoten in so nem blöden win-
35 kel, aber ich sag dir kumpel: was erwartest du von ollen krämern?
Die alemannen hassen sich und jeden, der ihnen über'n weg läuft,
und irgendwann kriegen welche so ne störung reingewürgt, weil

sie ihre gottverdammte seele in so nem batzen schiss baden, und
da kommt die rache, du kannst die uhr danach stellen. Honey, ich
liefer dir den rechten zusammenhang, du willst es wissen, ich geb
dir das verschissene wissen: wir sind hier allesamt nigger, wir ha-
5 ben unser getto, wir schleppen's überallhin, wir dampfen fremd-
ländisch, unser schweiß ist nigger, unser leben ist nigger, die gold-
ketten sind nigger, unsere zinken und unsere fressen und unser
eigner stil ist so verdammt nigger, dass wir wie blöde an unsrer
haut kratzen, und dabei kapieren wir, dass zum nigger nicht die
10 olle pechhaut gehört, aber zum nigger gehört ne ganze menge an-
derssein und andres leben. Die haben schon unsre heimat präch-
tig erfunden: kanake da, kanake dort, wo du auch hingerätst, kanake blinkt dir in oberfetten lettern sogar im traum, wenn du pennst
und denkst: joker, jetzt bist du in deiner eigenen sendung. Als hät-
15 test du'n krebsklumpen mitten in der visage und würdest dich ver-
stricken in so schleifen aus luft, von jedem und allem fortgewirbelt,
um in einem fort zu grübeln, was dir verdammt noch mal den boden unter'n füßen wegzieht, und ich sage, mann, das ist obergroße
etikette mit deinem eigentlichen elenden hundescheißnamen
20 drauf. Der pegel steigt bis zum großen knall, danach bist du abge-
brannt und unsauber, ne kleine kriminelle type, die sich die hufe
ablatscht, um denn in seinem verschissenen kuhdorf den ganz
großen provinzmacker zu mimen, und das nimmt dir ja jeder ab da
unten, wenn du ganz schnieke sattes fleisch zeigst. Das ist die
25 niggernummer, kumpel, es gibt die saubere kanakentour und die
schmutzige, was auch immer du anstellen magst, den fremdländer
kannst du nimmer aus der fresse wischen. Und noch eins: wir sind
alle anbieter, nur das land ist mager, das land drückt deinen eignen
stil. Deshalb ist das land so richtig im arsch, da geb ich dir'n siegel.

30 Feridun Zaimoglu: Kanak Sprak. 24 Misstöne vom Rande der Gesellschaft, Hamburg,
1995, S. 23 – 26

10. Einen Text/Textauszug beschreiben und deuten (analysieren)

Vorarbeiten

Markieren Sie alle Auffälligkeiten, z. B. sprachliche Besonderheiten, mögliche Untersuchungsgesichtspunkte, Deutungsansätze, Bezüge zu parallelen Texten. Markieren Sie nach Möglichkeit mit unterschiedlichen Farben oder unterschiedlichen Unterstreichungen (durchgezogene Linie, Wellenlinie, gestrichelte Linie ...). Schreiben Sie nicht gleich los, sondern legen Sie die Struktur Ihrer Arbeit zunächst in Stichworten fest.

Auswahl einer geeigneten Analysemethode

Texte können auf unterschiedliche Weise analysiert werden. Im Wesentlichen geht es dabei um zwei Methoden:

a) Die Linearanalyse

Der Text wird von oben nach unten bzw. vom Beginn bis zum Ende bearbeitet. Dabei geht man nicht Satz für Satz vor, sondern kennzeichnet zunächst den Aufbau des Textes und bearbeitet (analysiert) die einzelnen Abschnitte nacheinander. Der Vorteil dieser Methode besteht darin, dass ein Text sehr detailliert und genau bearbeitet wird. Vor allem bei kürzeren Texten ist diese Analysemethode zu empfehlen. Man kann sich jedoch auch im Detail verlieren und die eigentlichen Deutungsschwerpunkte zu sehr in den Hintergrund drängen. Der Zusammenhang gerät leicht aus dem Auge, wenn man zu kleinschrittig vorgeht.

b) Die aspektgeleitete Analyse

Der Schreiber oder die Schreiberin legt vorab bestimmte Untersuchungsaspekte fest und arbeitet diese nacheinander am Text ab. Der Vorteil dieser Methode besteht darin, dass der eigene Text einen klaren Aufbau erhält und der Leser/die Leserin von Beginn an auf die wesentlichen Untersuchungsaspekte hingewiesen werden kann.

Ein Nachteil kann darin bestehen, dass einige Deutungsaspekte, die als nicht so gewichtig angesehen werden, unter den Tisch fal-
5 len. Prinzipiell sollten Sie bei längeren Texten oder Textauszügen die aspektgeleitete Analyse der Linearanalyse vorziehen, da sie mehr Orientierung im Dickicht der einzelnen Details bietet. Dazu bedarf es aber auch erhöhter Konzentration und Fähigkeit zur Fokussierung oder Verdichtung auf den Kern des Problems, den Sie
10 vorab identifizieren müssen. Der Arbeit vor dem eigentlichen Schreiben kommt hier eine besondere Bedeutung zu.

Der Aufbau einer Linearanalyse

1. Einleitung: Autor, Textart, Titel, Erscheinungsjahr; evtl. über den
15 historischen Hintergrund informieren; Ort, Zeit und Personen des zu behandelnden Textes angeben; kurze Inhaltsübersicht darbieten, bei einem Auszug aus einer Novelle oder einem Roman kurz wiedergeben, was zuvor oder danach geschieht.

20 2. Zusammenfassende Aussagen zum inhaltlichen Aufbau, zu den Textabschnitten (kann auch in den folgenden Teil einfließen)

3. Genaue Beschreibung und Deutung der Textabschnitte
   - Aussage zum Inhalt des jeweiligen Abschnitts
25 - Aussagen zur Deutung
   - Aussagen zur sprachlichen Gestaltung als Beleg für die Deutungen
   - Überleitung zum nächsten Textabschnitt

30 4. Evtl. Erläuterungen zur Textart (kann auch zuvor einfließen)

5. Schlussteil: Zusammenfassung der Analyseergebnisse, Einordnung der Analyseergebnisse in einen größeren Zusammenhang und in den zeitgeschichtlichen Hintergrund (falls nicht im Rahmen der Linearanalyse erfolgt), persönliche Wertungen ...

Der Aufbau einer aspektgeleiteten Analyse

Die zuvor aufgelisteten Punkte 1, 4 und 5 gelten auch für diese Analysemethode. Es ändern sich jedoch die Punkte 2 und 3:

2. Kennzeichnung der Aspekte im Überblick, die im Folgenden detailliert am Text untersucht werden sollen

3. Analyse des Textes entsprechend den zuvor genannten Schwerpunkten
   - Nennen des Untersuchungsaspektes
   - Kennzeichnung des inhaltlichen Zusammenhangs, in dem er relevant ist
   - Aussagen zur Deutung
   - Aussagen zur sprachlichen Gestaltung als Beleg für die Deutungen

Auch das sind wichtige Tipps für eine Textanalyse

- Achten Sie in Texten mit hohen Gesprächsanteilen darauf, wie die Dialogpartner miteinander sprechen, welche Gesten sie vollführen und welche Beziehung sie zueinander verdeutlichen. Berücksichtigen Sie dabei auch Ihnen bekannte Kommunikationsmodelle.
- Belegen Sie Ihre Deutungsaussagen mit dem Wortmaterial des Textes. Verweisen Sie entweder auf sprachliche Besonderheiten oder arbeiten Sie mit Zitaten.
- Verwenden Sie für die Beschreibung des Wortmaterials die entsprechenden Fachausdrücke (Wortarten, Satzglieder, rhetorische Figuren, ...).
- Bauen Sie Zitate korrekt in Ihren eigenen Satzbau ein oder arbeiten Sie mit Redeeinleitungen. Vergessen Sie nicht, die Fundstelle anzugeben.
- Schreiben Sie im Zusammenhang. Verlieren Sie den „roten Faden" nicht aus den Augen. Folgt ein neuer Gesichtspunkt, formulieren Sie nach Möglichkeit eine Überleitung.
- Machen Sie die gedankliche Gliederung Ihres Textes auch äußerlich durch Absätze deutlich.

Bildnachweis:
S|Alamy Stock Photo, Abingdon/Oxfordshire: Zip Lexing 7. |Alamy Stock Photo (RMB), Abingdon/Oxfordshire: Heritage Image Partnership Ltd 89; The Picture Art Collection 80. |Domke, Franz-Josef, Hannover: nach: Robert Fischer: Adelbert von Chamisso. Berlin: München: Erika Klopp Verlag, S. 132-133 78, 79. |Kirchner, Ernst Ludwig: 92. |Lehmstedt Verlag, Leipzig: 120. |Menzel, Adolph von: 90. |Picture-Alliance GmbH, Frankfurt/M.: akg images 76; akg-images 83; dpa/bifab 81; dpa/Bifab 82; dpa/Fishman, Robert B. 131; dpa/Wendt, Georg 134. |Preetorius Stiftung, Starnberg: 91. |ullstein bild, Berlin: 97; Eschen, Klaus 95.

Wir arbeiten sehr sorgfältig daran, für alle verwendeten Abbildungen die Rechteinhaberinnen und Rechteinhaber zu ermitteln. Sollte uns dies im Einzelfall nicht vollständig gelungen sein, werden berechtigte Ansprüche selbstverständlich im Rahmen der üblichen Vereinbarungen abgegolten.